说话的艺术

如何把话说得滴水不漏

THE ART OF TALKING TO ANYONE

篱落◎编

黑龙江科学技术出版社
HEILONGJIANG SCIENCE AND TECHNOLOGY PRESS

图书在版编目（CIP）数据

说话的艺术：如何把话说得滴水不漏 / 篱落编 . --
哈尔滨：黑龙江科学技术出版社，2019.3
ISBN 978-7-5388-9968-9

Ⅰ . ①说… Ⅱ . ①篱… Ⅲ . ①语言艺术－通俗读物
Ⅳ . ① H019-49

中国版本图书馆 CIP 数据核字 (2019) 第 038340 号

说话的艺术：如何把话说得滴水不漏
SHUOHUA DE YISHU：RUHE BA HUA SHUO DE DISHUIBULOU
篱 落 编

项目总监	薛方闻
策划编辑	沈福威
责任编辑	徐 洋
封面设计	程芳庆
出 版	黑龙江科学技术出版社
	地址：哈尔滨市南岗区公安街 70-2 号 邮编：150007
	电话：（0451）53642106 传真：（0451）53642143
	网址：www.lkcbs.cn
发 行	全国新华书店
印 刷	北京铭传印刷有限公司
开 本	880 mm×1230 mm 1/32
印 张	6
字 数	150 千字
版 次	2019 年 3 月第 1 版
印 次	2019 年 3 月第 1 次印刷
书 号	ISBN 978-7-5388-9968-9
定 价	36.80 元

心理学家丹尼尔·戈尔曼说："促使一个人成功的要素中，智商作用只占20%，而情商作用却占到了80%，情商才是人生成就的真正主宰。"

马云曾说："成功与否跟情商有关系。"一个人情商高的最具体表现是什么呢？无疑就是会说话。我们每天都在与人打交道，无时无刻不在与人说话，而我们所说的每一句话，都在或多或少地影响着我们与他人之间的关系，也决定着我们是否能成功。

近期有一档很火的娱乐节目，他的主持人就是一个情商很高的人，无论嘉宾提出的问题多么奇葩，他都能巧妙地拗回来，让话题最终回到文艺与优雅上。他的用词永远温柔，但主导话题的能力却那么强大。

说话能力作为现代社会人际交往过程中的重要手段，显得尤为重要。虽然每个人都知道说话的重要性，但能把话说好的人却不多，把话说到对方的心里，做到既入耳也入心，则更为不易，这需要很高的情商，是一种极高的沟通智慧。在人生的各个场合，如果说话水平欠佳，缺乏娴熟的表达力和沟通力，你的人生将有可能陷入困境和僵局，难以达成意愿，实现目标。而要把话说好却离不开高情商，因为高情商沟通术可以帮你把话说得动听，说到对方心里去。只有这样，才能打动人心，才能让你在错综复杂的人际关系中游刃有余，赢得好人缘、好运气和好财气，打开更多通往成功的道路。

本书通过讲解通俗易懂的沟通技巧，告诉大家该如何训练自己说话的能力，如何提高自己说话的水平。在本书中，你可以从大量的故事和案例中得到启发，更好地掌握并运用语言措辞的技巧，使自己成为与人沟通的高手。

作者

CONTENTS
目　录

第三章 口吐善言，让人感到温暖

第四章 幽默是最高端的情商

第一章

水深则流缓，人贵则语迟

好口才的基础是逻辑清晰

所有口才好的人在讲话时，都会有这样的特点：他们逻辑清晰，条理分明，非常清楚自己想要说什么，要通过怎样的方式去说，要怎样在回答别人问话的同时，也不偏离自己的原定主题。想必每个人都渴望拥有这种条理清楚、逻辑性强的说话方式。不过，你真的知道什么是逻辑吗？

逻辑，多用来表达"思维的规律性或规则性"。说话没有逻辑，实在是一件让人非常困扰的事情：明明有重要的事情嘱咐对方，却总是没办法讲明白；搜肠刮肚地找说辞想要说服他人，但他人却是越听越不服。逻辑性欠缺、语言缺乏条理的人，说到最后往往会连自己到底想要表达什么都搞不清楚了。

瑞士国际管理发展学院教授比尔·费舍尔曾经受到一位企业家的邀请，到该企业给员工进行积极性教育的培训。

费舍尔教授问道："你希望我教给他们什么？"

"能够促进员工积极性的东西，比如他们应对公司感恩、员工利益应服从于公司利益。因为现在员工的积极性不高，管理者们普遍反映，工作量太大导致员工越发难带了。"企业家回答道。

"你希望他们做到什么程度的积极？"

"有工作时主动承担，有加班任务时可以主动去做，对公司感恩，不要拿了公司的薪水还不停抱怨。"

"不好意思，我不能满足你。如果你买了商家的东西，你会感恩吗？"

"开什么玩笑？我为什么要感恩？我拿钱换来的！"

"一样的道理。你的员工用劳动力换取金钱，他们为什么要感恩公司？他们的利益为什么要服从于你的利益？"

工作不是公司单方面施恩给员工，它是一种双方的互惠互利。没有任何理由地让员工感恩，这样的想法不仅没有丝毫的逻辑，而且内容混乱。试想，员工怎能信服？这位企业家的问题其实也是很多人的问题：他们提出不合逻辑的要求，且给出了不合逻辑的道理。

费舍尔教授认为："很多人都没有意识到，从他们口中说出的那些不合乎逻辑的话语，只需要一根绳索就可以将他们绞死。"那些表面上看来很有逻辑的话语，实际上根本经不起推敲。在他看来，真正的说话有逻辑，完全可以通过以下三个标准来衡量：

（1）你说的话是合情合理的。

（2）你说的话是简洁易懂的，能将自己的想法简明易懂地传递给对方。

（3）你说的话是与通篇内容（自我想要表达的主题）相契合的。

如果你一边劝说别人晨跑对身体有很多好处，一边又抱怨"其实我也不想那么早起床"，那么，你的劝说十有八九会失败。原因无他，你连自己都说服不了，如何去说服他人？

当你想让自己的话语变得更有逻辑、更有条理时，你完全可以在参考"逻辑三标准"的前提下，试着让自己在表达的过程中，做到以下三点：

1. 表达明确的主张

日常对话中，那些无关紧要的交谈，你完全可以随意表达，但是在正式场合，或者需要更谨慎地进行说明、提出意见或方案、发表报告、进行演讲时，你一定要先将自己的主张列出来，并更恰当地传递给你的听众。

"我的意见是这样的……"

"我是这样想的……"

"我认为这样做会更好……"

不管你选择了怎样的方式来表达自己的主张，你都需要先确定一点：你是否能够将自己的主张归纳成一句话？最出色的"一句话式归纳表达"的例子是新闻标题，打开报纸或各大网站，只要看一下标题，你就知道他们想要表达的中心内容是什么。

在一次成功的对话中，"个人主张唯一性"是有逻辑的典型代表。你不应该企图一次让别人接受你太多的主张，一个一个来是最好的办法，当你将一个主题说清楚以后，再开始陈述下一个。

2. 陈述明确的理由

想要别人接受你的主张，就必须使自己的主张有充足的理由。若你仅仅是"为了表达而表达"，而不去陈述自己为什么要这么说，别人便会对你的主张产生质疑，而此时，一旦你无法做出准确而清晰的回答，别人将很难信服。

比如，一个人问一个比较胖的人："为什么你会这么胖？"胖子回答说："因为我饭量大，吃得多！"这个人又问胖子："那为什么饭量大呢？"胖子回答说："因为我长得胖！"

胖子的回答是典型的"循环论证"。当他面对第一个关于"长得胖"的问题，是以"饭量大"为理由，而他回答第二个关于"饭量大"的问题时，又以"长得胖"为理由，这种不明确的理由是说明不了任何问题的。

3. 带入逻辑信号

带入逻辑信号的作用在于在同一主题下，当你从"此问题"过渡到"彼问题"时，有了逻辑信号的存在，听众便不会感觉唐突。

爱因斯坦晚年的时候经常去工人学校为工人们讲解科学知识。有一次，一个工人问道："爱因斯坦教授，听说您提出的相对论，全世界只有十几个人能懂，对吗？"爱因斯坦不慌不忙地回答道："没有那么夸张，其实道理并不难懂。打个比方，如果你坐在一个美丽的姑娘身边，一个小时之后你觉得似乎只过了一分钟；然而，当你坐在一个炙热的火炉旁边时，一分钟就像过了一个小时那么漫长，这就是相对论。"

爱因斯坦的"打个比方"就是一种常见的逻辑信号。

值得注意的是，想要娴熟地利用逻辑说话的三要素需要长时间的锻炼与实践，最简洁的方法是，对比自己的说话方式，找出自己在某一要素上的缺陷，并进行刻意训练。在生活中，练习得越多、运用得越多，你的话语逻辑能力便会越强。

说话太直白就是你的错

人非圣贤，有时难免会做一些不适当的事。在这种情况下，就要把握好指责他人的分寸，即使看破别人的心思也不要去点破。

在人际交往中，有的事不必弄得太明白，只要大家心知肚明就可以了。俗话说"看透别说透"，事情说得太白，反而会伤和气，或显得太无聊。懂得此道理，在交际中自然游刃有余。

相反，那些事事追究到底、口无遮拦地说出心中所想的人，在很多时候往往会破坏原本融洽或是可能融洽的气氛。

在一次会议上，张教授遇见了一位文艺评论家。互通姓名后，张教授对这位文艺评论家说："久仰久仰，早就知道您对星宿很有研究，是位大名鼎鼎的天文学家。"评论家半天没有反应过来，以为是张教授搞错了，忙说："张教授，您可真会开玩笑，我是搞文艺评论的，并不研究什么天文现象。您是不是弄错了？"张教授正言答道："我怎么是跟您开玩笑呢？在您发表的文章里，我时常看到您不断发现了什么'著名歌星''舞台新星''歌坛巨星''文坛明星'等众多的星宿，想来您一定是个非凡的天文学家。"弄得这位评论家尴尬不已，什么也没说，坐了一会儿就走了。

为人处世，虽需炼就一双"火眼金睛"，同时也要做一只"闷嘴葫芦"，这样才能万无一失。故事中的张教授，以为自己看得挺明白，于是就对人大加指责；而老姜则不同，他明白"看破不说破"的道理。这两种人在处理事情时得到的结果也自然不同。

谁都会有出错的时候，如果只是一味泄私愤、横加批评、讲刺话，总是数落对方"你怎么这么笨""你怎么总是这样""你这样做太不应该了"等，是不太妥当的。

人非圣贤，有时难免会做一些不适当的事。在这种情况下，就要把握好指责他人的分寸，即使看破别人的心思也不要去点破。要保全别人的面子，这是在人性丛林中生存的法宝。

因此，当某人行事真有问题时，在他内心有时会反省，觉得抱歉、惶恐、不知所措，此时如果你再批评指责他，那么他会因为你的谴责而羞愧难过，有的甚至从此一蹶不振，无法再次树立自信。如果换种语气，换个方式，比如，"从今以后，你会做得比这次好"，或者"我想，下次你一定不会再犯这样的错误了"等诸如此类的话，对方不仅会感激你对他的信任，同时会感受到你的真诚，更重要的是有了改正错误的信心，对方在今后的工作、生活中，必定小心谨慎。

不同场景，及时调整沟通策略

很多人形容他人擅长察言观色能及时调整说话策略时，会想起那句民间俗语，即到什么山头唱什么歌，见人说人话，见鬼说鬼话。其实，很多人误以为这些话含有贬义，实际上在人际交往中，这样的察言观色、及时调整说话策略，是完全有必要的。

有些人思维僵硬，在社会交往中，尤其是在与人交流的时候总是一条道走到黑，完全不知道区分时间、场合和交谈对象。不得不说，这样的行为是非常不好的，毕竟每个人的脾气秉性不同，每次遇到的说话对象也是完全不同的，所以我们说话必须根据不同的情况，区分不同的交谈对象，才能因人制宜，因场合制宜。否则，如果不管在什么场合，也不区分见到什么人，都说同样的话，那么就会无形中得罪人，甚至使自己陷入困境。

尤其是在职场中，因为人际交往情况复杂，所以我们更要学会因人制宜，区分情况。诸如有些人作为一个中层领导，和下属说话时难免带着颐指气使的味道，但是在面对上司汇报工作时，如果他依然颐指气使，那么必然会得罪领导，甚至导致领导给他小鞋穿，这样就事与愿违、得不偿失了。

还有一些人，平日里总是非常强势，甚至不分时间、场合地强势，导致处处得罪人。如果是女人，在谈恋爱的时候也一如既往地强势，那么必然会变得像是男人婆，导致个人问题始终无法得到解决。所以有人才说，聪明的女人知道何时要自力更生，更知道何时要适当示弱，唯有该强的时候强，该弱的时候弱，女人才会在生活中更加游刃有余，在感情上也才能以示弱的姿态赢得男人的疼惜和怜爱。

在中国四大名著之一的《红楼梦》中，每个人物都栩栩如生，各具特色，但要说其中最懂得说话策略的，当数王熙凤无疑。我们来看下面的片段：

一语未了，只听后院中有人笑声，说："我来迟了，不曾迎接远客！"黛玉纳罕道："这些人个个皆敛声屏气，恭肃严整如此，这来者系谁，这样放诞无礼？"心下想时，只见一群媳妇丫鬟围拥着一个人从后房门进来。这个人打扮与众姑娘不同，彩绣辉煌，恍若神妃仙子：头上戴着金丝八宝攒珠髻，绾着朝阳五凤挂珠钗；项上戴着赤金盘螭璎珞圈；裙边系着豆绿宫绦，双衡比目玫瑰佩；身上穿着缕金百蝶穿花大红洋缎窄裉袄，外罩五彩刻丝石青银鼠褂；下着翡翠撒花洋绉裙。一双丹凤三角眼，两弯柳叶吊梢眉，身量苗条，体格风骚，粉面含春威不露，丹唇未启笑先闻。黛玉连忙起身接见。贾母笑道："你不认得他。他是我们这里有名的一个泼皮破落户儿，南省俗谓作'辣子'，你只叫他'凤辣子'就是了。"黛玉正不知以何称呼，只见众姊妹都忙告诉他道："这是琏嫂子。"黛玉虽不识，也曾听见母亲说过，大舅贾赦之子贾琏，娶的就是二舅母王氏之内侄女，自幼假充男儿教养的，学名王熙凤。黛玉忙陪笑见礼，以"嫂"呼之。这熙凤携着黛玉的手，上下细细打量了一回，仍送至贾母身边坐下，因笑道："天下真有这样标致的人物，我今儿才算见了！况且这通身的气派，竟不像老祖宗的外孙女儿，竟是个嫡亲的孙女，怨不得老祖宗天天口头心头一时不忘。只可怜我这妹妹这样命苦，怎么姑妈偏就去世了！"说着，便用帕拭泪。贾母笑道："我才好了，你倒来招我。你妹妹远路才来，身子又弱，也才劝住了，快再休提前话。"这熙凤听了，忙转悲为喜道："正是呢！我一见了妹妹，一心都在他身上了，又是喜欢，又是伤心，竟忘记了老祖宗。该打，该打！"又忙携黛玉之手，问："妹妹几岁了？可也上过学？现吃什么药？在这里不要想家，想要什么吃的，什么玩的，只管告诉我；丫头老婆们不好了，也只管告诉我。"一面又问婆子们："林姑娘的行李东西可搬进来了？带了几个人来？你们赶早打扫两间下房，让他们去歇歇。"

在贾府之中，很多人都曾惹得贾母不高兴，唯独王熙凤，每句话都能说到贾母的心里去。她心知肚明，贾母才是贾府的当家人，她只是个总管而已。因而，她要想一手遮天，大权独揽，就必须牢牢依靠着贾母，只有这样，才能让众人服气。也正是因为察言观色、见风使舵的本领，王熙凤才能在贾府中左右逢源，上下弄权。

不得不说，说话虽然很简单，只要动动嘴皮子就行，但是如果想把话说好，说得恰到好处，起到预期的效果，就没那么容易了。不仅在职场上我们说话要察言观色，在现实生活中，我们也要学会与不同的人沟通，才能经营好人际关系。

总体而言，我们不管和谁说话，都要注意以下几个方面，诸如要组织好语言，使语言更加准确到位。再如说话要把握好分寸，不要不到位，也不要说得过度，因为过犹不及。凡事皆有度，适度才能起到最好的效果。

最后，说话还要区分对象，和不同性别、不同年纪、不同人生经历和教育背景、不同观点的人交往，一定要及时调整自身的说话策略，才能把话说到他人的心里去，也才能成功打动他人的心。很多朋友也许会说，我根本不了解他人，如何才能把话说得迎合他人的心理需求呢？前文说过，只要察言观色，多多用心，我们就能对他人有初步的了解，也能尽量把话说到他人的心里去。

每个人都是社会的一员，都要在群体中生活。要想在社会生活中受人欢迎，我们在与人交往时就要学会随机应变，从而及时调整说话策略，尽量把话说得打动人心，说到他人的心里去。

层层铺垫，谈话才能渐入佳境

直抒胸臆总是给人一种太突然，缺乏深思熟虑的感觉。此时，不妨使用循序渐进的方法，先做好铺垫，再逐渐说出主题，让对方慢慢明白你的立场和态度。

《红楼梦》中，刘姥姥进大观园的片段给大家留下了深刻的印象。贾母问刘姥姥大观园好不好时，刘姥姥并没有直接回答"好"或"不好"，而是先念了一声"阿弥陀佛"，然后像讲故事一样说："我们乡下人到年关，都上城来买画儿贴。时间长了，大家都说，怎么也得到画儿上去逛逛。想着那画儿也不过是假的，哪里有这个真地方呢？谁知我今儿进这园里一瞧，竟比那画儿还强十倍。怎么也得有人照着这个园子画一张，我带回家去，给他们见见，死了也值得。"

赞美大观园时，刘姥姥先介绍乡下人过年买画的习俗，像唠家常一样又说盼望有朝一日到画里去逛逛，烘托出图画的美。此时，她话锋一转，说不信世上有这么漂亮的地方。等做好了这些铺垫，她又话锋一转，说眼前的园子比画上的更漂亮。

回答贾母的问题，原本不用这么麻烦，直接说"好"就行了，可是刘姥姥却故意"迂回"绕弯子，使赞美的效果大大增强。本以为刘姥姥的话已经结束，可是刘姥姥此时说的话还是在铺垫，为了让人以为她说的毫不夸张，她又说："怎么也得有人照着这个园子画一张，我带回家去，给他们见见，死了也值得。"话说到这里，才算是入了"佳境"。

大家都喜欢听循循善诱的教导，因为循循善诱的谈话让人觉得真诚，真正的沟通高手都深谙此道。因此，你越想高效地传达自己的观点，就越不能直白地表达，应该做足充分的铺垫工作。

有个叫伊凡的樵夫，在某天上山砍柴时迷了路。黄昏时，又累又饿的伊凡终于在荒凉的山坳里发现了一户人家。

"里面有人吗？"伊凡上前敲门。出来开门的是满脸皱纹的老太太。"亲爱的老奶奶，您好！"口齿伶俐的伊凡又是敬礼，又是请安，"我在山里迷了路，想借宿一宿，行吗？"

老太太说："可以，你就住到柴房里吧。"

伊凡又请求道："老奶奶，您再行行好，我一天没吃东西了，给点吃的吧？"

"可是我家什么吃的都没有。反正天很快就要亮了，你就忍耐一宿吧。"

"真小气！"伊凡心里暗暗叫苦，脸上却微笑着说道，"没关系，没关系。不过，你锅子总是有的吧？"

"锅子是有的，不过你用来做什么？"老太太好奇地问。

"煮斧头。"伊凡从腰间取出一把斧头，在水里洗得一干二净。

"斧头怎么能吃呢？"好奇的老太太想看个究竟，就把锅子借给了他。

伊凡把斧头和水放进锅里煮了起来。不一会儿，水开了，他尝了一口，说道："要是放一点儿盐就好了。"老太太就给了他一些盐。

伊凡又尝了尝说："真美味呀。要是再加一点儿油，味道就更好了！"老太太又给了他一点儿油。

伊凡把油倒进去，搅了搅，又尝了一口说："不错，不错。再加点土豆味道一定更棒。"老太太又拿出来一捧土豆。最后，伊凡笑着对老太太说："可以吃啦，我们一起来吃吧。不过，最好再加点面粉。"这时，老太太才发觉自己上当了，不过已经这样了，她也只好忍痛舀了一碗面粉。

聪明的伊凡采用了循循善诱的方式让老太太一点点做出让步，最终达到了自己的目的。一开始讨要食物遭到了无情的拒绝，看似毫无回旋的余地，伊凡却并没有"死缠烂打"，而是立刻放弃了请求，转而求一口锅，把目标分解，一步步让对方做出让步，直到完全妥协。

实际上任何时候做任何事都要讲究一定的策略，人际沟通也同样如此，先做铺垫再抛出主题的沟通方式往往会更容易打动对方。

　　所谓会说话，其实就是运用各种说话技巧，让自己说出的话更生动，更吸引人，"渐入佳境"的说话策略无疑是沟通高手的"撒手锏"。但是要注意的是，这种说话技巧虽好，也要把握好度，不能铺垫得太长，否则会让对方失去耐心，最后导致你要讲的话没有机会说出口。所以，使用渐入佳境的策略时，不要忘记一个原则：一切都是为主题铺垫的。

谈话的中心由目的与期待构成

语言，不只是一种社交上的工具，也不只是互相认识和了解的手段，它还有一定的目的和期待存在。例如，林肯的解放黑奴的谈话，目的是动员美国人民为解放黑奴、废除奴隶制而斗争，期待获得广大人民的支持；物理学家霍金发表的学术报告，目的是宣传他的科学发现，期待让社会接受其正确观点，从而推动科学技术的发展。没有目的和期待的言论，毫无意义。

一次成功的谈话，可以展示自己的兴趣、见解、才能，进而引起别人的重视，改变自己一生的道路。

如何让对方在知道信息后，做出理解、回馈或者采取行动，其关键则有赖于明确说话的目的与期待的反应，明确了这两点，才能够让对方在听完你的陈述之后，做出符合你期望的行动。

说话的目的与期待决定了每一次谈话都有一个中心意思，这就是主旨。只有主旨明确了，才能解决说话的集中性、连续性和条理性的问题。因而，日常说话不论是简单的还是复杂的，都要明确目的与期待。我们平时说话的目的与期待大致有 6 种类型：

1. 告知

告知就是告诉某人某件事情，让对方知道即可，并不需要得到什么反馈。比如，公司宣布管理层的人事变动或公布年度财务报表，它们的目的仅仅是通告这一信息，让员工了解公司的最新动态，明确公司的财务状况。

告知的目的就是让人获取信息，并从这些消息中发现对自己有用的内容。因此，告知通常简短精要，只需要把事实描述清楚，使听者了解全部内容即可。

2. 指导

指导并不仅仅是传递信息那么简单，通常还需要听者反馈接受信息的效果。比如，教师讲述某项教学内容后，还要让学员详细了解该知识点的意义和作用，并让学生运用到实际当中。指导带有一定的参与性和互动性，你需要面对听者的疑问并对此进行解答，期待对方能够真正地了解并掌握信息。

3. 娱乐

诙谐幽默话语的目的在于调节紧张的气氛，放松人们的身心，因此广受欢迎。当我们传递信息时，有意加入一些轻松、活泼的元素，会使听者更乐于接受。比如，当你的丈夫抱怨你花钱大手大脚时，你可以这样说："一个成功的男人就是赚的钱比太太花的多；一个成功的女人就是找到这样的男人。"这样生动活泼的语言在增添笑意的同时，还会促进双方产生真挚热忱的感情。

4. 激励

激励的言语目的在于激发人的潜力和动力，将其身心调动到积极兴奋的状态中，并为自己的理想而努力奋斗。比如，你的朋友工作不顺心，你不妨鼓励他："每个年轻人都要经过历练，经历过后工作自然会顺风顺水。"当然，你也可以与朋友分享自己的故事，只要能让他重新振作，忘掉不愉快，恢复正常的工作状态，那么你鼓励的目的就算达到了。

5. 刺激

激励是从积极和正面去影响一个人，而刺激却是通过施加压力去改变一个人的状态。当一个人受到挫折而意志消沉时，普通鼓励的话也许起不到什么作用，这时你不妨向他施加压力，告诉他："如果你就这样消沉下去，那么很可能终生碌碌无为。"或者告诉他："你若是积极行动起来，还可能改变现状。但是现在这种状态，只能让自己变得浑浑噩噩。"刺激的话更能让一个颓废的人看清自己的现状与未来，在某些情况下，比激励话更有作用。

6. 说服

我们经常在一些公益广告中听到如"爱护环境，绿色出行""珍爱生命，远离毒品"这样的宣传语，这类宣传的目的是用道理和情感来说服听者，说服的目的就是争取听众的认同。为了实现这个目的，就必须借助一定的科学理论、事实证据和实践结果。

明确了说话的目的与期待后，我们可以更有针对性地组织语言。比如，我们举行一个有关数字化教学的讲座，总体目标是探究小组合作学习和信息化技术的结合。具体目标则是指导学生应用平板电脑进行课堂学习，提高学生兴趣和参与度。目标制订得越具体，你的讲话就能越有说服力。

沟通不是信口开河，想说什么就说什么，真正的沟通都是有明确的目标的。只有明确沟通目的，才能够有针对性地说话并获得预期效果。

不同场合，表达方式也不同

艾德里安是一家公司的副总经理，在公司一位员工的婚礼上，他被邀请以"公司代表"的身份发言。

令所有人都没有想到的是，艾德里安完全将这场婚礼当成了一个发表看法的现场，他讲道："新郎卡特是一个年轻有为的后辈，在公司，他总是非常努力，特别是前一段时间我们与另一家公司进行合作时，那时候整个公司的员工压力都非常大，连续4个星期没有任何人请假，而卡特也凸显出了他乐意为公司付出的一面……"

洋洋洒洒讲了将近半个小时以后，艾德里安才走下台来，而此时，新人与来宾们早已有些不耐烦了。

艾德里安讲的话之所以不受欢迎，是因为他选择了错误的方式去表现新郎的出色：身为婚礼发言人时，他只需要讲出自己对新郎的看法及对新人的祝福即可，过多地将公司的事情牵扯进来，则会让整个发言显得累赘而无益。这种发言是因为个人讲话没有目的意识，没有分清场合。

　　我们总会遇到不同的场合和不同的人或事，因此在不同场合要说不同的话。不分场合，随心所欲地开口是"不会说话"的拙劣表现。想一开口就让人喜欢你，就要懂得说话的分寸。你喜欢的某个话题，不会在任何时间、地点都适合拿来讨论。成年人说话要看场合，比如正式的场合不正经地嬉笑是不恰当的表现；在非正式场合，做一本正经状自然也会让他人反感。只有让自己的言谈融入所处的环境，才能得到更多人的认同。在不同的场合说不同的话才能得到理想的沟通效果。当然，这就要求我们选择不同的说话方式。在选择说话方式时，我们需要注意以下几点：

1. 结合说话的场合与内容

　　我们看不到所谓的说话方法或者改善的方法到底是什么样的，因为它们都只是一些抽象的概念。所以，我们必须要抓住自己可以直接进行对话、进行实践的机会，然后通过具体的对话内容，对话语中的重点内容进行思考。

　　这种对话语能力的思考首先应该建立在必要场合、必要内容上，而这些功能分别在会话、阐述主张与发言、说服与说明等场合中，发挥着复合性的作用。比如，在日常对话中，我们多说些通俗易懂的话，会更显出亲和力；而在报告会上，我们就应多用一些专业术语，并结合事例来发表主张，这样会更有说服力。

根据场合的不同，说话者使用的说话功能也应有所不同。在不同的场合中，听者希望听到的重点有所不同，而说话者则需要有意识地根据场合的不同，改变说话的内容。

2. 是"发表意见"，还是"进行说明"

有些人会将"发表意见"与"进行说明"两种截然不同的说话方式混淆，事实上，两者之间虽然有部分重合，但在功能与体现方式上是完全不同的。

发表意见时要表明"我想说的"。坚守自己的意见或者想法，多是在会议上或者是进行某些利益交涉时才会出现的情况。在进行主张或者发表意见时，发言必须要具备的效果是"简单易于理解的传递信息功能"与"能够豁然开朗的接受功能"。

在会议或者交涉场合中，并非与会的一方不断地说，而另一方一定要完全接受，而是双方都要发表自己的意见，相互间一致或者相悖的方面都要清楚地表现出来，因为只有双方的意见都清晰时，才能找到对策或者相互商议解决相关的问题。

进行说明时要表明"我需要说的"。比如，一位业务员向客户介绍一款新产品，或者一位老师向学生传递某种知识，个人的意见并不重要，重要的是要搞清楚你要说明的是什么。

站在这一角度上来说，进行说明时，你可以不发表自己的观点，只单纯地对事物进行说明，以第三方的视角展开叙述即可。

3. 宣传是一种完全性的说服

"说服"是要让听者做某些事情时，根据自己的自由意志选择是否接受你的意见，并去尝试。"宣传"虽然也是一种说服，但这种说服不会让对方有考虑的余地，而是尽力让对方接受自己的想法、主张，然后再去尝试。

当你懂得运用不同的对话方式来阐明自己的立场、目的与主题时，你的逻辑将会日渐清晰，而你的口才与交际能力也将越发高超。

找准交谈时机，事半功倍

古人云，天时地利人和，意思是说在做事情的时候，只有主观的美好愿望是远远不够的，还需要客观条件、外部环境达到一定的契机。如诸葛亮草船借箭，纵然是神机妙算，也一定要等到起雾且风向适宜的时候，才能获得成功，这就是时机。时机既可以是诸葛亮草船借箭的天机，也可以是人为营造的好机会。很多时候，唯有抓住时机、契合时机，才能取得成功。

子禽曾经向墨子请教："多说话有好处吗？"墨子答道："蛤蟆、青蛙，白天黑夜叫个不停，叫得口干舌疲，可是没有人去听它的。你看那雄鸡，在黎明时按时啼叫，天下震动，人们早早起身。多说话有什么好处呢？重要的是话要说得切合时机。"

墨子告诫我们，多说无益，重要的是说话要切合时机。

孔子在《论语·季氏》里说："言未及之而言谓之躁，言及之而不言谓之隐，不见颜色而言谓之瞽。"这句话的意思是：不该说话的时候说了，叫作急躁；应该说话的时候却不说，叫作隐瞒；不看对方的脸色变化，贸然信口开河，叫作闭着眼睛瞎说。

这三种毛病都是没有把握说话的时机，没有注意说话的策略和技巧。因为说话是双方的交流，不是一个人的单方面行为，它要受到诸如说话对象、设定时间、周边环境等种种限制，所以说话要把握时机。如果该说的时候不说，时机转瞬即逝，很快便会失去成功的机会；同样，如果不顾说话对象的心态，不注意周边的环境气氛，不到说话的时机却急于抢着说，很可能引起对方的误解甚至反感。如果再信口开河，乱说一通，那后果就更严重了。

有个印刷厂老板在 50 多岁还有几年就要退休的时候，突然意识到印刷厂必须更换设备了，因而他精打细算，决定购置一批新机器，这样再使用几年到他退休的时候，机器也还有七八成新，这样至少还可以卖到 300 万美元。因此，在购置机器之初，他就打定主意将来要把机器卖到 300 万美元。

转眼之间，几年的时间过去了，老板即将退休，因而开始张罗售卖机器。有一天，他接待了一个买主，这个买主非常挑剔和苛责，对着老板滔滔不绝地说出了机器的很多缺点和不足。老板原本很恼火，觉得这个买主根本不是来买机器的，而是来嫌弃和挑剔机器的。他正准备发火，突然想到，自己既然要把机器卖到 300 万美元，就不能得罪每一个买主，万一这个买主能出到 300 万美元呢！为此，他按捺住自己的不悦，继续忍耐着听那个人挑剔。那个人说了很久，到最后终于有点儿累了，总结似的说："这台机器，我最多只能给你 380 万，因为维修它还至少需要 20 万呢，你就便宜 20 万吧，就当是给我维修的费用。"听到买主的这句话，老板心里简直乐开了花，但是他装作勉为其难的样子，稍微犹豫了一下才答应了买主的要求。就这样，老板多卖了 80 万，买主少花了 20 万，他们双方对于这次交易都非常满意。

　　言多必失，一旦把握不好时机，就会给自己带来巨大的损失。假如买主能够稍微放缓说话的速度，不那么咄咄逼人，再仔细询问老板想多少钱卖掉机器，那么他至少能节省 80 万美元。不得不说，这位买主正是因为没有掌握好说话的时机，才导致自己"损失惨重"。幸好沾沾自喜的老板不会告诉买主他多花了多少冤枉钱，否则买主该多么心痛啊！

　　说话做事时机的把握对于成败的结果往往起关键性的影响作用，当你切入的时机成熟，可能会事半功倍；如果时机不成熟或时机不对，往往不会有效果，更有甚者，则会收到与预期相反的效果。懂得抓住时机的人，不会一味说话，而是说起话来张弛有度，该说的时候说，不该说的时候就停止，这样他的话才能事半功倍，达到预期的效果。

第二章

完美掌握说服技巧

"5W"——劝人也得懂点技巧

在劝说他人时，如果别人提出的每一个问题，你都用笼统的话来回答，就会给人一种你在搪塞他的感觉。良好的沟通要以相互信任为基础，如果不懂得"5W"技巧，说出的话太过空洞，则很难赢得他人的信任。

假如你给对方留下这种敷衍他的不好印象，势必会减弱对方想要与你沟通的欲望。良好的沟通要以相互信任为基础，如果说话太笼统、太空洞，往往会让人觉得这个人不可信，别人也就不愿意和你掏心掏肺了。为此，我们应该学会"5W"技巧，从而避免说的话太过空洞。

所谓"5W"，指的是：When，什么时间；Where，什么地点；Who，什么人；What，什么事；Why，为什么。准确掌握"5W"技巧，可以让我们的语言变得更加真实，更具说服力。

要想透彻地理解这一点，就要先看一下下面这个例子：

刘强是一家国企的中层领导，同时也是一名大龄"剩男"，他自身的条件非常好，一米八的大个儿，俊俏的脸庞……毫不夸张地说，他几乎符合所有女孩心目中白马王子的形象。但他今年已经 32 岁了，却依然单身。为了摆脱单身状态，他参加了一个相亲节目。

参加相亲节目的男女双方对彼此都缺乏了解，自然少不了一番寻根究底的问询，爱好、工作、计划、生活习惯更是双方不可不提及的话题。

一个女孩问刘强："如果我们有缘在一起，还要像现在这样分居两地吗？你准备怎么解决这个问题？"

刘强不假思索地说："你根本不用担心这个问题，对我来说，这个问题很好解决。"

那个女孩嘴唇动了动，似乎还有什么话没说出口，但是终究什么话都没说，只是把面前的灯灭掉了。刘强大惑不解，不知道自己的话怎么得罪了这位女孩。

录制完节目后，刘强找到这位女孩，问她："我觉得自己的回答没什么问题，不知道你为什么会选择灭灯。"

这位女孩微微一笑，淡淡地回答："你的回答太空洞了，很难让人信服。我问你怎么解决两地分居的问题，你告诉我这个问题很好解决，却没详细说明是你到我那里，还是我到你这里，也没有说明什么时候解决，让我怎么相信你呢？"

刘强大为震惊，没想到女孩竟然想了这么多。他对女孩说："假如你的工作不方便调动，我可以去你那里工作。因为我们公司每年都有几个调动的指标，我想要调动到你所在的城市并不是什么难事。假如没什么意外的话，一年内就可以完成调动。我这么回答，不知道你是否满意。"

这位女孩什么话都没说，只是不好意思地笑了笑。后来，这位女孩成了刘强的妻子。

在节目现场，刘强的回答给人的感觉是"这不是问题，你只需要跟我走就行了，什么都不用管"。其实，这种说法太空洞，歧义也很大，并没有任何说服力。

我们身边像刘强这样的人有很多，由于说出的话缺乏内容，所以显得干巴巴的，给人留下特别空洞的印象，无法赢得他人的信任。其实，很多时候我们只需要利用"5W"技巧，就可以言之有物，使自己说的话变得充实，且更有魅力。

在第二次回答女孩的问题时，刘强就在无意中运用了"5W"技巧。什么时间——一年内，时间很具体；什么地点——我去你那里，地点明确；什么人——我，人物清晰；什么事——调动工作，没有歧义；为什么——调动工作并不是什么难事。

对于一个人来说，不论他拥有多么漂亮的外表、多么高的学历、多么卓越的能力，假如不懂得"5W"的说话技巧，一张嘴说出的话却空洞无物，缺乏吸引力，那他也就没什么魅力可言了。

"5W"说话技巧可以让我们的语言更有条理，让我们说出的话内容更充实，说服他人的效果更好。要想言之有物，让自己的语言变得更有魅力，就要从细节上着手，使你完美地回答

"5W"中所包含的问题。

达·芬奇在《笔记》中写道："人有很强的说话能力，但是他的大部分话是空洞的、骗人的。动物只有一小点点说话的能力，但是那一小点点却是有用的、真实的。说话宁可少一点、准确一点，也不要大量的虚伪。"因此，需要注意的是，运用"5W"技巧虽然能让我们的话语更有条理，但是一定要建立在实话实说的基础上。

委婉表达不满更易让人接受批评

细心的人会发现，越是陌生人之间，越是会彼此尊重，彬彬有礼，人们对待陌生人也会表现得更加宽容，而不会过于苛责。但是对于熟悉且亲密的人呢，很少有人会怀着宽容的心态对待，而是非常挑剔苛责。比如情侣之间，尤其是夫妻之间，相看两欢喜的时候少，相看两生厌或者两无言的时候居多。这正应了那句话，相爱容易相处难，越是关系亲密的人，越容易表现出不满情绪，从而伤害彼此的感情，导致交往变得更加艰难，无法进行下去。

实际上，人与人之间的关系并非是一成不变的。很多时候，只要我们愿意，我们总是能够找到恰到好处的方法对待他人，达到既不伤害他人，又委婉表达自身不满和委屈的目的。其实，如果不好意思直接指责他人，我们也可以以自言自语的方式向他人暗示我们的不满。这样一来，我们既表露了自己的心声，别人就算听到我们喃喃自语的抱怨，也无法与我们反目，毕竟我们是在自言自语呀，难道我们连自言自语的权利都没有了吗？

现实生活中，大多数人都无法接受他人对自己的指责，因而我们可以想方设法让他人无意间听到我们的抱怨，了解我们的想法，而又无从责怪我们。比如有的婆媳在一起生活和居住，彼此关系紧张，甚至到了水火不容的地步，那么婆媳都要注意，尽量减少正面冲突。假如儿媳妇发现婆婆总是看电视，影响自己的作息了，那么可以嘀嘀咕咕："哎呀，一天工作这么累，回到家里还总是有声音，根本没法安心休息。什么时候家里的电视才能放个假？不要天天工作到深夜呀！"显而易见，儿媳妇的话是自言自语，而且她并没有毫不掩饰地指责婆婆。在这种情况下，婆婆当然也挑不出儿媳妇的错误来，但是又因为了解了儿媳妇的苦衷，必然要有所收敛。如此一来，儿媳妇和婆婆并没有产生任何冲突，却达到了目的，岂非两全其美吗？毕竟自言自语没有攻击性，但是与事情相关的人却会因为这样的暗示，从而主动反思自己，使得事情得以圆满解决。

大学毕业后，很多大学生才开始工作，经济实力并不强，因而居住方面以与人合租为多。婷婷和桃桃是大学同学，如今也是同事，因而理所当然共处一室，而且还睡在一张床上。刚开始工作时，她们对于毕业后截然不同于学校的生活感到很新鲜，也算相安无事。但是随着时间的流逝，婷婷开始对桃桃有了意见。

比如婷婷和桃桃偶尔会和其他室友一起吃饭，或者其他室友做了好吃的，也会喊她们一起吃。时间长了，婷婷总是主动买些食材带回家，毕竟总吃别人做好的，别人不但要花钱买食物，而且还花费了很多的时间和精力呢。但是桃桃却不这么想，她总觉得自己吃得少，认为自己只要吃几口就饱了，所以从来不买东西带回家。渐渐地，室友再做饭的时候就只喊婷婷，故意冷落桃桃，婷婷虽然暗示了桃桃几次，桃桃却都装作听不懂的样子继续蹭吃蹭喝。

再如，婷婷和桃桃、甜甜一起上班，一起回家吃饭睡觉，有的时候在回家路上买水果或者是买快餐，桃桃总是不带钱，而是让婷婷帮她垫付，说回家之后就给婷婷。但是一次又一次，桃桃不是完全忘记这回事，就是会自动舍掉零头，从而只给婷婷一部分钱。而且桃桃从未买过日常生活用品，诸如洗发水呀，沐浴露啊，她从来都只是用婷婷的，还非常浪费，从不珍惜。渐渐地，婷婷对桃桃实在忍无可忍了，但是又不好意思直接和桃桃说。有一天，婷婷故意打开卫生间的门，大声抱怨："上帝啊，这是谁天天都在喝我的洗发水和沐浴露吗？我怎么买一大瓶洗发水和沐浴露，但是只要一个多月就被用光了呀？我的工资全都用来买洗发水和沐浴露啦！"桃桃听到婷婷的话，再也不好意思继续蹭婷婷的洗发水和沐浴露用，只好自己去买了。

对于很多厚脸皮的人而言，只是委婉地暗示，并不能让他们有所收敛。这种情况下，如果故意大声抱怨或者自言自语，那么他们无论如何也不能继续伪装下去。现实生活中，我们经常会对他人的言行不满，如果不想与他人起正面冲突，故意自言自语表达自己内心的想法，是一种非常好的方法，能够避开他人的锋芒，又能达到自己发泄和提醒他人的目的，可谓一举两得。

通常情况下，人们更愿意相信自己，因为大多数人都不愿意被他人指挥，而是想遵从自己的内心做出改变。正因为这样，我们才要更加学会以巧妙的方式表达不满，从而避免犀利的言辞伤害他人，也得以维护与他人之间的良好关系。

提问技巧不可或缺

提问往往是交谈的起点，是把话题引向深入的方式之一。因此，会不会问、该怎么问、问什么，都直接影响着交谈的效果。提问者必须掌握察言观色的技巧，学会根据具体的环境特点和谈话者的不同特点进行有效的提问。提问的作用在于：有利于满足回答者的需求；有利于保持沟通过程中双方的良好关系；有利于掌控沟通的进程；有利于保持友好的关系。

提问的技巧很多，主要介绍以下几种：

1. 直接提问法

提问者从正面直接提问，开诚布公、干脆利落、直截了当地讲明询问目的，开门见山地提出问题。

在运用正面提问法时要注意情感的铺垫，以使对方心理上舒缓一些，也能配合一些。同时防止提过于直白的问题，以免显得过分生硬，容易造成询问对象的心理排斥，不仅难以获得期望获得的信息，还会给人一种尖锐刻薄的印象。

2. 限定提问法

一般在沟通过程中，提问者向回答者提问时，应尽量设法不让对方说出"不"字来。提问者在问题中给出两个或多个可供选择的答案，此时可采用限定提问法，即两个或多个答案都是肯定的。如与别人订约会，有经验的提问者从来不会问对方："我可以在今天下午来见您吗？"因为这种问题只能在"是"或"不"中选择答案；如果将提问方式改为限定型，即改问："您看我是今天下午2点钟来见您还是3点钟来？""3点钟来比较好。"当他说这句话时，提问的目的就已经达到了。

3. 诱导提问法

诱导提问法就是提问者通过采用启发诱导的方式，引导或激活对方的思路，诱发对方的情感，使对方明确双方沟通的范围和内容，从而有针对性地把对方掌握的信息引导出来，这比较适合提问对象不愿意说、不大会说、不想主动说等情形。在某种情况下，诱导提问法还可以有意识地通过提问来使对方落入提问者的"圈套"，从而使其承认或否认某种言行。

4. 追根究底提问法

所谓"追根究底提问法"，是指提问者把握住了事物的矛盾规律，把握了关键点之后，遵循一定的思想和逻辑，一直追问的提问方式。这种方式，不仅要透过事物的内部关系来认清基本情况和真相，而且要抓住关键、深入剖析，不能只停留在事物的表层。总的来说，提问者对于涉及事物本质的关键内容，在谈话过程中暴露出的疑点，以及在与对方谈话中发现的有价值的新情况和线索，往往会抓住并寻根问底，直到拨云见日、真相大白。这种提问方式通常会采用这样的连续发问，比如，"我还有什么？""另外的原因是什么？""你能再解释一下吗？"需要注意的是，提问不应只要求对方将你的想法放在首位，而是应该以对方为主角，激发他的兴趣，让他越来越想跟你说，千万记住不要把提问变成"审问"。

5. 假设提问法

假设提问是指提问者通过假设提出一些假设性的问题。这种提问方法一般使用"如果"作为提问的开头语，不仅能探询被采访者的想法、观念和主张，还能一窥对方的内心世界。

假设提问的方法通常是用来启发交流对象的思维，引导对方谈论他对某个问题或事情的真实想法，或用来调整对方的情绪，并鼓励对方谈论他本来不太想说、没准备要说的心里话，提问者可以按照规律推理、预测某件事的走向，以促进对方进行联想；或在对事件有一定深度的了解后，提出一些假设，目的是与对方进行讨论，以促使自己产生新的思路和视角。

6. 激发提问法

激发提问法是指用比较犀利的问题，适当地刺激对方，使对方的心态从"让我说"转变为"我想说",甚至非说不可的方法。这种方法与激将法有异曲同工之妙。在提问时,提问者应考虑自己的身份是否合适,刺激强度是否恰当,以及谈话的气氛是否合宜。有时尖锐、狡猾、奇怪的问题是一步险棋,成则大成,败则大败。

7. 转借提问法

转借提问法就是提问者假借别人之口提出自己想提的问题。这样既可以借助第三方提出一些不宜面对面提出或不太好直说的问题,也可以说明所提问题的客观性,增加提问的力度。例如,一个青年教师向一位老教授这样提问:"刘教授,我听张主任说,您刚刚发表了一篇关于××问题的学术论文,是吗?这篇论文很有影响,方便借我拜读一下吗?"借他人来说事,问中有赞,会让对方感到欣慰。

提问的方法丰富多样,提问者可以根据沟通中的具体情况灵活地加以运用。这些方法既是相对独立的,又是互相联系的,它们可以单独使用,也可以交替或交叉使用。掌握了每种方法的要领,就可以在沟通的过程中运用自如,获取最佳的沟通效果。

回话从容，见招拆招

回答问题是交谈过程中的重要环节之一，有效的回答建立在对提问者的观察、了解的基础之上。有效地回答问题可以解除提问者的疑问，使应答者自身的能力和知识进一步显示出来，从而获得提问者的认同，减少沟通双方之间的误解。回答的技巧很多，主要介绍以下几种：

1.针对性回答

有时问题的字面意思和问话人的本意不是一回事，我们回答时，不仅要注意问题的表面意思是什么，更要认清提问人的动机、态度、前提是什么，使回答具有针对性。

一次，英国大戏剧家萧伯纳结识了一个肥头大耳的神父。神父仔细打量着瘦骨嶙峋的剧作家，揶揄地说道："看着你的模样，真让人以为英国人都在挨饿。"萧伯纳马上接过话说道："但是，看看你的模样，人们就很容易明白，这些苦难的存在正是因为你们这种人！"

2. 艺术性回答

这里所说的艺术性包括避而不答的避答法、答非所问的错答法、截断对方问题的断答法和顾左右而言他的诡答法等。

（1）避而不答

这种方法被用来处理一些提问者提出的较轻率或鲁莽的问题。有时，有些问题不好回应，但对方已经当众提出这个问题，保持沉默显然不是良策，这时候就可以避开问题不正面回答。

王光英当初赴香港地区创办光大实业公司时，一下飞机，记者们便蜂拥而至。一位女记者挤到面前，问道："先生，请问您这次到香港带了多少钱来？"王光英见对方是个女记者，微微一笑，这样应答道："对女士不能问岁数，对男士不能问钱数，小姐，你说对吗？"既达到了不回答问题的目的，又很有幽默感。

（2）答非所问

这是一种机智敏锐的口语表达技巧，可用于严肃的交际场合，也可用于轻松的日常交际场合。它的主要特点是既不直接回答问题，也不拒绝或表示不满，而是岔开回答说话人提出的问题，答非所问。请看下面的例子：

一位美丽的姑娘独自坐在酒吧间里，从她的装扮来看，一定出身豪门。一位青年男子走过来献殷勤，他低声问："这儿有人坐吗？"姑娘却大声地说道："到阿芙达旅馆去？"男子急忙辩解："不是不是，你听错了。我问的是这里有其他人坐吗？"她尖声叫："你说今夜就去？"表现得比刚才更激动，许多顾客气愤而又不屑地看着这位青年男子。这位青年男子被她弄得无地自容，尴尬地坐到另一张桌子去了。

上面的例子是典型的答非所问，它成功地回避和拒绝了对方的真实意图。使用错答的语言技巧，首先我们要使对方清楚，看起来答非所问的话语其实也是回答，潜在的意思是不欢迎对方的提问；其次，我们还可以使用提问中本来就模棱两可的话语，答案含糊其词、不置可否，使对方无法理解。

（3）当断则断

断答法就是直接截断提问者的问题，在他还没有开始提问或没有问完的情况下进行错答。断答法与错答法相同的是都针对问题答非所问，他们之间的不同之处在于，错答法是在听完问题后回答错位的答案，断答法则是不听问题，就急于回答。我们为什么不先听完问题再回答呢？有以下两个原因：一是如果对方说出完整的问题，可能会泄露一些不想公开的信息，很难处理；二是听完所有的问题然后再回答，会比较被动，不好应对。

提前考虑对方要问什么，在他的问话未说完时，就迅速按另外的思路回答，一方面可以转移其他听众的注意力，另一方面也可以使提问者领悟，改换话题，以免因说破造成尴尬局面和其他不良后果。

（4）顾左右而言他

这是与诡辩连在一起的回答。诡，怪的意思；诡答，即一种很奇怪的回答。在特殊的情况下，不能、不宜或不必照直回答时，急中生智，用诡答技巧做出反常的回答，既增添了谈话的情趣，又应付了难题。

3. 智慧性回答

智慧性回答包括否定预设回答和认清语意诱导回答两种。

（1）否定预设回答

预设是语句中隐含着的使语句可理解、有意义的先决条件。在正常情况下，这种先决条件的存在是不言而喻的，如"鲁迅先生是哪一年去世的"这个问话包含有预设：鲁迅先生已经去世。预设有真假之别，符合实际的预设是真预设；反之就是假预设。就问话而言，预设的真假关系到对问话的不同回答。黑格尔在《哲学史讲演录》中谈到古希腊诡辩学派时曾讲过这么一个例子：有一位诡辩学派的哲学家问梅内德谟："你是否已经停止打你的父亲了？"这位哲学家提此问题的目的是要迫使从未打过自己父亲的哲学家陷入困境，因为无论梅内德谟做出"停止了"还是"没有停止"的回答，其结果都是承认自己打过父亲的虚假预设。可见，利用虚假预设可以设置语言陷阱。有些智力测试题提问陷阱的设置也是如此。

中央电视台《天地之间》节目"乐百氏智慧迷宫"里曾有道智力测试题："秦始皇为什么不爱吃胡萝卜？"选手们都答不上来。这个问题就预设了"秦朝时有胡萝卜""秦始皇吃过胡萝卜"这两点，将思考点定在"为什么不爱"。其实秦朝时还没有胡萝卜，应否定题目预设的内容，应这样回答："秦朝还没有胡萝卜，秦始皇当然说不上爱吃胡萝卜了。"

（2）认清语意诱导回答

人们理解语言会受到已有经验的影响，自然而然地产生某种语意联想。如由"春天"会想到桃红柳绿、万紫千红；由"冬天"又会想到寒风凛冽、白雪皑皑；见"晚霞"能想到色彩的绚丽；看"群山"就能想到山势的起伏……既然普遍存在着语意联想，那么就可以利用语意联想来设置陷阱，诱导目标进入思维定式的困境。在没有星星、看不见月亮的时候，一个盲人身着黑衣，步行在公路上。在他的后方，一辆坏了车前灯的汽车奔驰而来，奇怪的是，司机在未按喇叭的情况下，还能安全地将车停在盲人的身后。这是怎么回事呢？见到"星星"或"月亮"这些词语，我们一般都会联想到晚上，现在出现了"星星""月亮""黑""灯"等字眼，我们就很容易与"黑夜"联系起来了，而这正是本题的陷阱。它通过这些词语诱导你的思维走向"黑夜"，这样的话，你就会山穷水尽，百思亦难得其解了。答案应是：这是白天，毫不奇怪。

顾维钧曾是中国外交界的领袖，25岁就获得了美国哥伦比亚大学的法学博士学位。他在担任驻美公使时，有一次参加各国使者的国际舞会，他正与一位美国的女士共舞，这位美国姑娘突然发问："请问，你是喜欢美国姑娘，还是中国姑娘呢？"这个问题看似简单，其实不易回答。如果说喜欢中国姑娘，就得罪了美国姑娘；若说喜欢美国姑娘，不仅有违心意，且会导致麻烦。顾维钧思索后笑道："无论是中国姑娘还是美国姑娘，只要是喜欢我的，我都喜欢。"

语言诱导这种陷阱在智力测试提问中可以说随处可见，知道了这种陷阱的特征，这些问题就很容易解答了。

4. 形象性回答

形象性回答是指当提问者提出一个带有一定"理论"色彩的问题时，如果回答者泛泛而谈地讲一些空洞的大道理往往得不到听者的认同，这时不妨用讲故事、打比方等形象化的方法，将枯燥的道理形象化，让听者品味并深刻理解。

在香港书展读者见面会上，有读者问韩寒："你是如何看待你成长路上遇到的种种困难和挫折的？"韩寒沉思片刻后回答说："一个农夫的驴子不小心掉进了枯井里，农夫绞尽脑汁都没法救出驴子，为免除驴子等死的痛苦，他决定将泥土铲进枯井中把驴子埋了。刚开始驴子叫得很凄惨，后来却渐渐安静了下来。农夫好奇地探头往井底一看：原来，当泥土落在驴子的背部时，驴子便将泥土抖落在一旁，然后站到泥土堆上面。就这样，驴子很快便上升到了井口！我们在成长路上难免会陷入'泥土'，换个角度看，它们也是一块块的垫脚石，而想要从'枯井'中脱困的秘诀就是将'泥土'抖落掉，然后站到上面去！只要我们锲而不舍地将它们抖落掉、站上去，那么即使是掉落到最深的井，我们也能安然地脱困。"韩寒通过即兴讲述一个"驴子落枯井"的小故事，生动有趣地谈及了成长路上的"枯井"和"泥土"的现实意义，深刻地道出了自己独特的人生观——把困难化作动力，给人以智慧的启迪。

5. 借用性回答

借用性回答就是在回答提问者提出的问题时，巧妙地借用对方问话中的语气和词句等，以一种出人意料又在情理之中的借题发挥的方法来回应对方，实现一种在特定情境下的理想应答效果。

6. 无效性回答

无效性回答指的是当提问者提出很难回答的问题时，如果你一律忽视或者说"无可奉告"，可能显得对他人太过无礼，也可能让你下不来台、尴尬难堪，所以你可以给出一个既正确又无实际意义的答案。

有一次，一位美国人问作家王蒙："20世纪50年代和70年代的王蒙，哪些地方相同，哪些地方不同？"王蒙答道："50

年代我叫王蒙，70年代我还叫王蒙，这是相同的地方；50年代我20多岁，70年代我40多岁，这是不同的地方。"

王蒙根本不想回答这个问题，他机智幽默地说了这些绝对正确的看似"切题"却什么也没说的大实话。

不妨先讲结果再讲原因

先说结果，再详述原因，往往能够引起对方听下去的兴趣，同时还可以条理清晰、详略得当地把事情的原委讲清楚。

对方能否理解你的话是沟通的关键。不管你要说什么，都不要忘记你的最终目的是让对方理解、接受。因此，表达自己的意思时，要以使对方更容易理解为最终目标，要站在对方的角度，说让他容易理解的话。

同样一段话，先详述原因再说结果，与先说结果再详述原因会产生不一样的效果。先说结果，再详述原因，这样说出的话条理清晰，重点突出。

研究发现，先说结果再详述原因，往往能够引起对方听下去的兴趣，同时还可以条理清晰、详略得当地把事情的原委讲清楚。不管我们说什么，最终目的都是希望对方能够理解；而先说结果再详述原因，是把复杂的问题按照简单的逻辑说出来，更容易让人理解。因此，在平时与人交流时，我们应该通过这种方式激发对方听下去的兴趣。

有一家公司要为总经理招聘一位秘书，经过层层筛选，最后只剩下两个人，但是，总经理的秘书只需要一个人，两个人不得不来一场较量。

为了留下一位最优秀的人，人事部出了这样一道题：总经理吩咐，本周四下午 2 点开公司会议，要求所有部门的主管都准时参加。可是，策划部的主管郭总要约见一位重要的客户，不能按时参加；销售部的主管刘总出差了，周五上午才能赶回；售后服务部的何总离总部比较远，周五上午才能赶回总部。请问，如何安排这场会议？请安排好后，向总经理汇报你的计划。

第一位面试者回答说："总经理，策划部的主管郭总要约见一位重要的客户，不能按时参加；销售部的主管刘总出差了，周五上午才能赶回；售后服务部的何总离总部比较远，周五上午才能赶回总部。所以，我建议把原定于本周四下午 2 点召开的会议改到本周五上午 10 点召开，您看行吗？"

第二位面试者回答说："总经理，我建议把原定于本周四下午 2 点召开的会议改到本周五上午 10 点召开，不知道您怎么看？因为策划部的主管郭总要约见一位重要的客户，不能按时参加；销售部的主管刘总出差了，周五上午才能赶回；售后服务部的何总离总部比较远，周五上午才能赶回总部。"

最后，第二个应聘者被录取了。

两个人说出的话没什么不同，只是顺序不一样而已。第一位应聘者怎么也想不到自己错在了哪里，该说的话一句也没有落下，怎么就没有被录取呢？原来，关键就在于，第一个应聘者虽然把事情都讲清楚了，但是逻辑混乱，没说出重点。而第二个应聘者先说了结果，再详述原因，对方不需要费脑子思考，立即就能明白他表达的是什么意思。

要想说服一个人，首先要注意说话的逻辑，搞清楚怎样说才能便于对方理解。试想一下，如果你先详述原因再说结果，对方就无法迅速地了解你在说什么。只有让对方首先明白你在说什么，才有可能说服对方，否则一切说辞都是无效的。

物价上涨了，工资却没有涨，女主人王娟越来越觉得有必要节约一些不必要的开支，省下一笔钱以备不时之需。老公平时花钱总是大手大脚的，今天请这个吃饭，明天又请那个吃饭，甚至花很多钱买游戏装备，一点儿也体会不到过日子的艰辛。

王娟很清楚，如果先说一大堆原因，告诉老公物价越来越高了，开销越来越大了，工资却丝毫没有涨，这样继续下去，很可能会入不敷出。如果再提出节约开支的建议，老公很可能会摸不着头脑，也就不容易说服固执的老公。

为了便于老公理解，王娟采用了先说结果，再说原因的方法，对老公说："亲爱的，我觉得咱们应该节约开支。我给你分析一下啊，如今的物价上涨得越来越厉害了，咱们家的开销也越来越大，每个月刚发的工资，没过几天就没了，这样下去咱们会入不敷出的。假如以后生活中出现什么急事，咱们是很难应付的。你觉得呢？"

王娟首先说明结果"我觉得咱们应该节约开支",而不是先详述原因"如今的物价上涨得越来越厉害了,咱们家的开销也越来越大……"。如果她反过来,先详述原因,再说结果,恐怕她老公听到最后也未必明白她想说的是节约开支的事,没准会误以为她在埋怨自己工资少、没能力,极有可能引发一场争吵。

所以,我们在说服他人时,应学会先言简意赅地说结果,再根据结果详述原因。这样可以保证你从复杂的事情中理清头绪,建立一定的逻辑顺序,便于他人理解你的意思。

让人帮你，先给对方一颗"定心丸"

很多时候你寻求别人的帮助不成功，不是因为你态度不够诚恳，也不是因为别人不愿意帮助你，而是因为你没有让对方详细了解自己的规划。

在现代社会，即使是亲人、朋友之间面对他人的请求时也会考虑一下自己的得失。如果在求人办事时，你只是一味地说找别人借钱，或者是一味地让别人帮助你，根本不会有任何说服力。

因为在你请求别人的后续计划中，没有清楚地向对方阐述自己在得到他的帮助后是如何给他带来更大的利益，或者至少不会让他产生损失。所以，对方对于帮助你这件事情就觉得自己没有参与进来，对你的未来预测就会有太多的不确定性，当然这些不确定性就会转化成对你的担忧。他担心跟你合作钱款会"有去无回"；又或者会担心帮助了你不仅对自己的升职没有好处，还会让自己受到更大的排挤，因此选择拒绝帮助你。

而一个懂得说服技巧的人总是愿意在寻求帮助时，将自己的规划讲与别人听，让别人吃下一颗"定心丸"，才能更好地说服别人。

楚伟家以及他的亲戚，几代人都是大山里老实巴交的农民。到了楚伟这一代，他好不容易考上了大学，家里人本想着楚伟能"鱼跃龙门"，到外面的大世界去闯荡。

没想到楚伟毕业后竟想要说服大家筹集一笔钱，在大山里面搞什么生态旅游、野味开发的项目。这在他们家，甚至是他们村里都炸开了锅。

面对大家的疑惑，楚伟娓娓道来："我也曾想过找个能坐在办公室里的工作，安安静静地做个小职员，一个月拿个几千块钱，挺悠闲。可是，我们村里有这么好的资源，不开发就浪费了。大山养育了我，我不能只顾着自己享福，却不想着乡亲们啊！"

"可是你搞旅游，搞野味就行了吗？就咱这穷乡僻壤的，谁来呀！"人群中有一个人喊道。

"虽然我不能保证让大家挣到多少钱，但是我敢保证绝对比你们整天在那儿面朝黄土背朝天要强。就拿紧邻咱们村西头的那个大瀑布来说，我们可以搞一个水上漂流的项目，在咱们县城的各个要道打上广告牌，吸引一些城里人夏天来我们这里避暑、游玩，然后我们向他们收一些费用。

"再比如咱们村北面紧靠着大山，我们可以在山上种一些野山菇、山菌，并把这些产品放到类似于淘宝、阿里巴巴等一些门户网站上进行售卖。当然在售卖的同时我们也可以让大批的外来人员来到我们这里参观，同时又可以提高我们这里旅游业的知名度。

"我已经悄悄地留意过，现在大部分的城里人都比较注重养生。我说的这些项目在一些比较发达的城市已经比较火爆了，而我们也会慢慢地朝那个方向发展起来的。"

虽然大家文凭都不高，楚伟说的许多知识他们也都不了解。但是听楚伟规划得如此详尽，并在他们这里都具有可实施性，大家都觉得很有道理，心中的疑惑顿时烟消云散。大家纷纷举手赞成楚伟的意见，共同出资将这个项目开发了出来。

在面对大家的质疑和不解时，楚伟正是用自己详尽的规划，才打消了大家的疑虑，让大家从他这里看到了希望，最终说服大家共同投资这个项目。

小莲想从自己的朋友小凡那里借点钱搞服装批发。小莲到小凡那里详细地将自己如何寻找到了供应服装的厂家，厂家如何组织发货，自己准备如何装修店面，如何制订销售计划，从哪种渠道开发新客户，甚至如何选择店员，工资给多少，等等，这些都一五一十地告诉了小凡。

听完小莲的叙述，小凡微笑着说："看你把自己的事业规划得这么完美，肯定不会有什么差错。就算是出了什么差错，没挣到钱，就凭你能将这些计划统统都告诉我，也是对我的一种尊重和信任。你信任我，那么我肯定也相信你。你等着，我这就给你取钱去！"

　　有时候说服他人真的很简单。你只需要让他看到你的努力，看到你是如何规划自己的道路的就行了。

　　人们都喜欢努力的人，努力的人运气肯定不会太差。所以，人们也总是喜欢去帮助那些努力着、对自己所求的事情有着完整规划的人。因为这些人不仅可以给自己带来好运气，而且可以让自己对生活充满激情。

　　因此，想要让自己的所求离成功更进一步，想要让帮助你的朋友越来越多的话，一定要记得在说服他的时候让他详细了解自己接下来的规划，让他放心，他才愿意去帮助你。

分别人一杯羹，会让说服变简单

在日常交流、交往中，有许多事情都需要我们去寻求别人的帮助，当今社会不求人办事是不可能的。比如你是一个希望找到一份合适工作的待业青年，或者你家里有急事，需要用一大笔钱……很多情况都会促使我们寻求帮助。

怎样说服别人让他帮忙，就像做生意一样，懂得"让利"，你们的关系才会更牢固，更长久。

"让利"就是在寻求对方帮助的时候做出一些交换，或者是有利于他的允诺，这种允诺既可以是金钱方面的也可以是事业上的。

黄坚是一家电子商务公司的电器类商品部门的分销经理，胡军则是后勤部主管维修的经理。

有一次，黄坚挖掘到了一位潜在的客户。这位客户在公司其他人看来，表面上毫无利益可言。因为他对于产品的售后服务要求特别高，这些服务无形中增加了公司的成本。但是黄坚的经验告诉自己，这将是一个大单子，只要踢好了"敲门砖"，接下来的合作会既轻松又简单。但目前来看，按照客户能接受的价格，自己的理由如果不充分的话，上报到公司高层主管那里，肯定不会被通过。

因此，黄坚就想到了维修部的胡经理，想让他跟着自己去客户那里走一趟，实地考察一下客户的情况，看看实际的售后服务成本会不会比想象中的少一点儿，顺便说服主管们同意，顺利拿下这个单子。

黄坚来到胡军的办公室，看到他正忙得焦头烂额，安排手下的员工处理来自各个区域的维修电话。

于是，他就安静地待在办公室的沙发上，耐心地等着。不知不觉，快到了下班的时间，黄坚一抬头，看到胡经理似乎已经处理完了手上的工作，正准备回家。

"胡经理，请留步，我有事情需要你的帮忙！"黄坚大步向前，走到胡军的面前。

等到黄坚将自己的来意表明后，胡军为难地说："黄老弟，不是我不帮你。公司里有这么多的销售经理，如果人人遇到这样的事情都来找我，那我还不得要忙死。而且今天已经是星期五了，周末我还有点儿事，真的抽不出时间来陪你去呀！"

"胡经理，去考察一下的话，顶多只会耽误你半天的个人时间。这样，胡经理，如果这次你能帮我分析搞定这个客户，首笔订单的提成我分你一半！"黄坚见胡军有意推脱，急忙做出这样的允诺。

听了黄坚的话，胡军的态度瞬间缓和了下来，笑着说："黄经理，咱们部门之间应该互帮互助，说钱不就见外了吗？你说吧，让我怎么帮你！"

就这样，胡军利用周六的时间跟黄坚一起去客户那里考察了一番，回到公司以后积极在主管面前分析利弊，帮助黄坚顺利地拿下了这个大单子。

黄坚正是在寻求胡军帮助的时候，懂得跟他"分一杯羹"，才能顺利地说服胡军帮助自己。

徐洪是一个吝啬的商人，有一次，他想找自己的好朋友大牛借钱开一个家具店。

一进门他就说："大哥，兄弟急需 5 万块钱，我知道咱俩是从小玩到大的好哥们，你一定得帮帮我！"

大牛听出了徐洪的意思，故意话里有话地说道："徐老弟，你也知道这几年我日子过得紧巴巴，我还想找你借点钱干点小买卖呢！"

一听大牛说这话，徐洪接着说："现在生意不好做呀，你把这钱借给我，我最多三个月就还给你！"

大牛听了徐洪的回答直接来了一句："没有，一分钱也没有！"

就这样，徐洪碰了一鼻子灰走了。

徐洪走后，大牛的老婆问大牛："家里不是有 5 万块钱在那儿放着吗？你还说这钱放着也是放着，何不借给徐洪？"

"借给他，我凭什么借给他？这几年谁不知道他徐洪混得不错，就连这次我也知道他是拿钱想做什么生意！我明里暗里几次都表示过想跟他合伙做生意，哪怕是不合伙，给我点利息也行啊。可是你看他像有这个意思吗？凭什么就得他吃肉我看着，甚至是连喝汤都没有我的份！我看他这回还能不能开起来这个家具店！"

正是由于徐洪总是"吃独食"，不懂得给帮助自己的人一些甜头，才会从大牛那里借不来钱。

俗话说"无利不起早"，虽然达不到"人为财死，鸟为食亡"的程度，但是别人也不愿意做毫无"利益"的冤大头。

聪明人一般会这样做，比如让别人帮助自己找工作，可以巧立名目，说让他梳理关系，提出给对方一些费用；再比如，让一个化妆品店老板介绍一些客户给你，你可以提出把她的一部分化妆品放到自己的美容器材店里面，也给对方打打广告。

因此，在说服别人帮助自己时，仅仅靠个人魅力或者是打感情牌往往会收效甚微。只有懂得给对方一些利益，开出一些很有诱惑力的条件进行交换，才能够获得别人的帮助！

求人办事，说服的时机很重要

时机很重要，太早或者太晚，都不如来得刚刚好。就如同做菜讲究时机火候一样，社交当中，求人办事亦如此。

求人办事时，少一分显得清汤寡水，多一分又盈满则溢。在不对的时机做任何事，都显得不那么完美。就好比打一个移动的靶子，在瞄准的过程中总有最佳射击时机，太早子弹会打在靶子前面，太晚子弹会打在靶子后面，只有找准时机，才能一击命中。

关于找准时机非常重要这一点，我身边发生过一件有趣的事情。

我们组有两个新来的同事，这两个人都有一定的社会经验，并非职场小白。当时我对名叫方龙的新同事印象很深刻，人事部的同事介绍方龙时，言辞里是掩不住的赞赏，只因为这个人业务能力出色，从上一家公司离职也是背着荣耀战绩离开的。

另一位叫陈元的同事则显得低调很多，站在方龙身边丝毫不起眼。业务部门对于这些新力量的加入十分欢迎，尤其是业务能力不俗的人。

方龙在人事简短介绍完之后，立即做了一个自我介绍，言辞间确实展现了不俗的语言组织能力，给大家留下了十分不错的印象。

来公司一段时间之后，两人的差异渐渐就出来了。从数据上来看，陈元的业务业绩确实不如方龙，他俩也常常被部门老大拿出来做比较，老大说得最多的话就是："陈元你看看方龙，业务能力多好，一起进来的，你得多跟他学学。"

陈元也是腼腆地笑着应下，从不反驳。对于部门老大一而再再而三地在公开场合拿两人做比较，他也丝毫不置气。也是从这个时候我开始注意到陈元的，我意识到陈元之所以能面试进业务部门，一定有他的过人之处，别的不说，光性格这方面就比一般人要好得多。后来发生的事情，一度印证了我的想法。

有一个方龙负责的项目提案出了点问题，想找公司其他领导帮忙，借用一下领导的私人关系。本来也不是什么大事，但凡好好说，领导肯定是会帮忙的。但是结果并不尽如人意。

方龙这人业务能力好其实重点在于他执行力很强，有什么事情一定是会严格完成的，但显然，在求人办事上，光有执行力是不够的，还需要有一定的情商和技巧。

关于提案这件事，方龙星期一早上一到公司就先公式化地给领导打了电话，想先跟领导打个招呼再去找他帮忙。未料领导并没有接他的电话。这头客户催得急，于是方龙直接冲到领导办公室门口，敲开了领导的门。领导虽然没有生气，但是关于提案的事情却是不痛不痒地敷衍了几句，最后提案的事情还是没有解决。方龙只好用原本的提案拿给客户公司看，结果客户十分不满意，要求在三天内拿出最后的提案，否则这个单子就不跟公司签了。

部门老大对于这件事情十分生气，严厉地批评了他，说他关键时刻掉链子。方龙很郁闷，在会议上顶了老大两句，场面一度尴尬。此时，一向低调温润的陈元就出来圆场了。

"方龙性子急是急了点，但是出发点也是把这个单子拿下来，老大你也别生气了，当务之急我们应该想想怎么交出提案才是。"陈元笑嘻嘻地说道。

我不禁暗自多看了陈元两眼，觉得他平时不显山不露水，关键时刻还是很聪明的。

当天晚上公司集体去参加一个同事的婚宴，大大小小的领导都出席了。酒过三巡大家也都卸下了平日里的架子，陈元趁机端着酒杯敬酒，对方正是之前方龙去拜托帮忙的那个领导。三言两语间，只见那个领导拍了拍陈元的肩膀，一脸笑意。

第二天，升级提案的问题就解决了，那个领导给自己的朋友打了个电话，用私人关系解决了我们部门的问题。方龙再次拿着提案去客户公司，项目顺利地签了下来。

事后，老大表扬了陈元。这个项目是一个大单，大家为此付出了好几个月的努力，如果没签下来就等于之前的努力全部白费。

同样是求人办事，求的还是同一个人，方龙去就折戟沉沙，陈元去就马到成功。问题出在哪里呢？其实就是一个时机问题。

方龙没有在正确的时机去拜托领导帮忙。星期一早晨通常是最忙的时候，而且人们早晨的脾气一般都不怎么好。况且方龙给那个领导去了电话，但是领导没有接，说明当时他不是很方便。或许当时领导正在因为什么事情烦心，你恰巧在这个时间横冲直撞地冲进了人家的办公室，人家不跟你翻脸都不错了，又怎么可能帮你的忙呢？所以说这个时候方龙去求人办事，别人不愿意帮忙是在情理之中的。

陈元就不一样了，在酒席这种相对放松的环境下，大家之间的氛围不似办公室里那般紧张，交谈也相对容易，此时求人办事会容易得多。前提是，需要帮的这个忙对于对方来说，容易操作且不会耗费太多时间，如果是大工程，可能还是需要约一个时间，在一个相对安静的环境里去沟通会比较合适。

再往后的日子，雷厉风行的方龙因为各种业务受限的原因不得不屈居陈元手下，很多方龙解决不了的问题，陈元出马都能顺利解决。一方面，是因为陈元性格好、情商高，知道如何在人际关系中与人斡旋；另一方面，是他知道如何找到最好的出击时机，在交往中占据上风，将主动权紧紧地握在自己手里。

社交关系中，不论是生活上还是工作上，我们不可避免地需要在人际关系网中寻求帮助。对方可能是你的同学，可能是你的朋友，可能是你的同事，也可能只是一个大街上偶遇的路人甲。掌握求助的技巧，已然变得不可或缺。

每一个社会角色的存在都有其特性，他们有不同的社会地位，有不同的观念、个性，有不同的喜好，如果我们需要从他们当中寻求帮助，也是需要一个巧妙而精准的时机的，在那个时候开口往往不容易被拒绝。譬如跟你的朋友聚会的时候，譬如在你帮了同事一个小忙正取得成效的时候，譬如跟你的同学一起缅怀青春年少的时候……

你或许会说，我这人十分独立，素来单枪匹马地解决生活上遇到的所有问题；你或许会说，我这个人内向含蓄，求人不如求己，大不了不做这件事情；你或许会说，我这个人刚正不阿，求人办事从来都是公事公办，你帮我一次我帮你一次即可……但说来说去，我们都绕不开人际交往的闭环，掌握人际交往的技巧，只会让我们的生活锦上添花。

求人帮忙本就是难为情的事，要么你选择不开口，这样至少面子上不会抹不开，既然开口，必定要让对方答应为好。

你出击的时机不对当然碰一鼻子灰，可要是找准时机的话绝对能让你事半功倍。这门求人办事的艺术你学会了吗？

第三章

口吐善言，让人感到温暖

真诚是良好沟通的前提

　　人与人之间相处的基础，就是真诚。如果没有真诚，人们也许可以表面上看起来关系亲密，但是实际上他们只是面和心不和，与对方根本无法产生感情共鸣。这样一来，交流如何能产生预期的效果呢？只怕一旦我们的虚情假意被对方识破，对方还会对我们严加防范，甚至对我们不以为然呢！因为话语缺乏真诚，就会失去朋友的真心相待，失去爱人的理解和信任，失去同事的鼎力相助，这对于现代人而言无疑是得不偿失的。

　　人是感情动物，每个人都会把感情放在第一位进行考虑。所以一个人即使想对他人晓之以理，也必须首先对他人动之以情。从心理学的角度而言，人们对他人产生心理防范实际上是正常行为。这就像是电脑有防火墙一样，我们也必须消除他人的心防，才能成功走进他人的心里，从而与他人相互理解和信任，使得与他人之间的交流事半功倍。真情，能够引起他人的感情共鸣，也能够成功打动他人的心，使他人对于我们更加信任，也愿意与我们坦诚相见。在社交场合，我们与他人的交流经常会陷入尴尬的局面，其实只要足够真诚，倾注真情，交往的难堪局面就能得以缓解。

自从下岗之后，马姐就开起了出租车，虽然很辛苦，但是总算能够自食其力，养活自己和家人。有一天，马姐大晚上去车站附近搭载客人，有个看起来有些惊慌的年轻人，拉开车门，上了马姐的车。

刚刚走了没多远，到了一条人迹罕至的街道上，年轻人突然拔出一把尖刀，威胁和恐吓马姐："赶紧把钱掏出来，不然我要你的命。"马姐意识到自己身处险境，马上掏出身上一天所得——300元钱，她把钱递给年轻人，说："这是我一天挣的钱，都给你，请你不要伤害我。我上有老，下有小，还要养家糊口呢！"年轻人显然没想到马姐这么痛快地给钱，有些愣住了，马姐又说："这里还有20元钱，也给你吧，我知道你一定是走投无路，才会这么做的。其实，我也曾经像你这么难，我能理解你的苦衷。当时我刚刚下岗，找不到工作，但是一家老小却等着吃喝，我丈夫还卧病在床，我甚至都想去卖肾了。"听到马姐的话，年轻人放下了手里的刀子。马姐说："你想去哪里？我送你到你家附近吧。"在年轻人吞吞吐吐说了个地址之后，马姐启动汽车，朝着年轻人的目的地驶去。马姐说："年轻人，我看你挺强壮的。不如找点儿事情做做吧，如今经济这么发达，挣钱的路子很多，只要你肯花力气，养活自己是没问题的。而且走正道多好哇，当你付出很多，坚持努力，你甚至还会有所成就，从而使自己的人生发生质的改变和飞跃。也许，你还会飞黄腾达呢！"

　　到达目的地，年轻人把钱还给马姐，马姐真诚地说："这个钱，就当是姐姐帮你的。你只要走正路，这点儿钱姐姐愿意支持你。"年轻人感动得落下泪来，拿着钱对马姐说："姐姐，我会尽快还你钱的。"

　　面对突如其来的危险，马姐没有反抗，而是努力以真诚和真情打动年轻人。这样一来，年轻人居然产生了羞愧和懊悔的心，从而决定改过自新，重新做人，这一点从他说要尽早还马姐的钱，可以看出来。

　　以真诚打动人心，首先要话语真诚，其次还要设身处地为他人着想，才能更加理解他人，把话说到他人的心里去，也能够做到站在对方的立场上说话，最终让对方对我们的话更加认可，也愿意接纳我们的话。

　　感情，是人与人沟通和相处的桥梁，要想打动他人的心，我们就必须跨越感情的桥梁，从而走入他人内心。当我们与他人推心置腹时，以真情打动他人，才能得到对方的信任。

一开口就让对方心花怒放

一般来说，赞美是一种能引起对方好感的交往方式。赞同我们的人与不赞同我们的人相比，我们更喜爱前者，这符合人际交往的酬赏理论。

但令人遗憾的是，不少人把赞美当作取悦他人的简单公式，不分时间、地点、条件对他人一味地加以赞美，实际上，这一做法是很不可取的。因为我们知道，人借助语言进行交往，语言具有影响对方的心理效应，进而影响双方人际关系的效能。任何一种语言材料、语言风格、交往方式对人际关系产生的影响，常因人、因时、因地而异。赞美这一交往方式也不例外，它的效能也具有相对性和条件性。

美国心理学家阿伦森曾举例说：假设工程师南希出色地设计了一套图纸，上司说："南希，干得好！"毋庸置疑，听了这话，南希一定会增加对上司的好感；但如果南希草率地设计了一套图纸（她自己也知道图纸没设计好），这时，上司走过来用同样的声调说出同一句话，这句话还能使她产生好感吗？南希可能得出上司挖苦人、戏弄人、不诚实、不懂得好坏、勾引异性等结论，其中任何一项都会使南希对上司的喜爱有所减少。

因此，赞美的效果要受各种条件制约。能引起好感的赞美要借助以下条件：

1. 热情真诚的赞美

每个人都珍视真心和诚意，它是人际交往中最重要的尺度。能引起好感的赞美首先必须是发自内心、热情洋溢的，否则那就是恭维。赞美和恭维到底有什么区别呢？戴尔·卡耐基告诉我们："很简单，一个是真诚的，另一个是不真诚的；一个出自内心，另一个出自牙缝；一个为天下人所欣赏，另一个为天下人所不齿。"美国"石油大王"约翰·洛克菲勒在人际交往中就善于运用真诚的语言来赞美他人，以此来维系良好的人际关系，这是他的交际秘诀。

2. 具体明确的赞美

空洞和虚伪的表扬常常让人感到不受用，因为它们没有明确的赞美理由。不仅赞美者的鉴赏能力和辨别能力令人怀疑，甚至赞美者的动机、意图也会让人产生疑心，所以具体明确的赞美才能引起人们的好感。对他人总以"你工作得很好""你是一个出色的领导"来赞美，只能引起人家的反感。

3. 符合实际的赞美

当你在赞美别人时，应该尽力去顺应现实情况，尽管有时可以有点夸张，但要注意分寸，不应该太过火。如某个人对某领域或某个方面提出了一些很好的意见，或者有了一点成果，你可以说"你在这方面可真有研究"，甚至可以说"你是这方面的专家"，可如果你说"你真不愧是个著名的专家""你真是这方面的泰斗"等过于夸张的话，对方如果是个正派人就会感到不舒服，旁观者也会觉得你是在阿谀奉承、另有企图。

4. 让听者无意的赞美

赞美者不是有意说给被赞美者听的赞美叫无意的赞美，这种赞美会被人认为是发自内心，不带私人动机的。如《红楼梦》中一次贾宝玉针对史湘云劝他要做官为宦、仕途经济的话，赞美黛玉道："林姑娘从来说过这些混账话不曾？若她也说过这些混账话，我早和她生分了。"凑巧这时黛玉正好来到窗外，无意中听见这些话，使她"不觉又惊又喜、又悲又叹"。结果宝黛二人推心置腹，感情大增。

5. 雪中送炭的赞美

最有实效的赞美不是"锦上添花"，而是"雪中送炭"。在他人最需要的时候送上赞美，往往比那些平时说出的赞美更能受到重视。赞美要选好时机，在独特的情景下表达出来的赞美和赏识更让人怦然心动，也能换来对方的倾心相报。

6. 不断增加、重复的赞美

美国社会心理学家艾略特·阿伦森研究表明：人们喜欢那些对自己的赞美不断增加的人，并且在自始至终都赞美自己的人与最初贬低逐渐发展到赞美的人之中，人们会尤其喜欢后者。因为相对来说，前者容易使人产生他可能是个对谁都说好的"和事佬"的感觉。但人们对开始持否定态度的后者会留下这样一种印象：说我不好，一定是经过考虑、分析的，可能有他一定的道理。除此以外，不断重复的赞美也可以赢得对方的好感。

7. 比较之下的赞美

在众多的赞美方式中，比较总是有着独特的感染力，因为它能通过强烈的对比与反差，给人留下深刻的印象。比较赞美也有很多技巧，一般地，比较赞美时要注意以下几点：

（1）如果是拿自己与对方做比较，要适当地贬己褒人

比较的对象可以是别人之间的比较，也可以是自己与别人比较。如果你把自己和别人比较，不应该过分夸耀自己，而是要巧妙地把赞美的重点放在别人身上，把自己当作陪衬。

（2）尽量用自己熟悉的事物去做比较

人们总是对自己熟悉的事物更了解，也更容易抓住可以比较的特征。如果用自己熟悉的事物去类比自己外行的事物，这样的比较就会更真实和贴切。

（3）做比较的时候，可以将个人与整体联系起来

用比较的方式表达，听者得到的感受会与直接表达不同。

（4）要拿两种有很强的可比性的事物来比较

比较的对象之间相似性越鲜明，听者就越能感受到比较所带来的对比效果。所以，在挑选比较的事物时，要尽量选择相似或相对的事物，以形成鲜明的对比效果。

总之，赞美是人的一种心理需要，是对他人尊重的表现，是一剂理想的黏合剂，它给人以舒适感，使我们拥有更多的朋友。但"赞美引起好感"并不是绝对的、无条件的，它要受赞美动机、事实根据、交往环境诸因素的制约和影响。因此在与他人相处时，必须记住——"一味地赞美不足取"。

赞美他人要体现出细节

赞美一个人时，如果你能具体说出对方好在什么地方，而且你所说的内容又是真实存在的，那么，对方就能感受到你的真诚、可信。所以，称赞他人时要体现出细节，让对方感受到你的真诚。

当你称赞一个人"真好""真漂亮"时，他的心中就会立即产生一种心理期待，想听你继续说下去，肯定会想："我好在哪里？""我漂亮在哪里？"这个时候，假如你的赞美不够具体，就会让他特别失望。所以，要想让你的称赞更有效果，就要学会具体化赞美。称赞他人时要体现出细节，这样才能让对方感受到你的真诚。

王杉的妈妈已经 70 岁高龄了，老伴刚去世，所以她心情很苦闷。老伴没去世时，她每日忙忙碌碌，整天乐呵呵的。老伴去世后，王杉就把她接到自己家中了，什么事情都不让她干，唯恐累着她。这本是好心，可是老太太忙惯了，猛然闲下来很不习惯，渐渐地开始找王杉唠叨："我年纪大了，没有什么用处了，几乎成废人了。"

王杉连忙劝慰道："妈，您快别这么说，您一点儿都不老，我们都很需要您，离开您可不行。"谁知道，老太太听了后，竟然生气地说："你就骗我吧，整天就知道拿一些没用的话哄我！"

一天，王杉的儿子放学回家，高兴地对老太太说："奶奶，奶奶，您前几天给我讲了一个老红军的故事，我写作文时写进去了，今天语文老师当着全班同学的面表扬我了，说我写的老红军的故事非常好，很让人感动。奶奶，您讲的故事真好，再给我讲一个吧！"

老太太非常高兴，把小孙子抱在怀里，又开始给他讲故事。通过这件事，王杉意识到赞美老人要体现出细节，于是经常对老太太讲："妈，您今天煲的汤味道太好喝了，火候掌握得非常好。"听了这话，老太太笑得合不拢嘴。

赞美一个人时，如果你能具体说出对方好在什么地方，而且你所说的内容又是真实存在的，那么，对方就能感受到你的真诚、可信。夸一个人聪明、能干，自然能取悦于他，但是他在高兴之余肯定会想知道自己到底哪里聪明、如何能干。假如你不说出具体的内容，时间长了就会让人觉得你在敷衍他，最后会适得其反。正如案例中王杉对自己的妈妈说的"您一点儿都不老，我们都很需要您，离开您可不行"这种笼统、空洞的话，老太太一听就知道是在敷衍人，所以很不高兴。

电影《画壁》里有一个细节：闫妮出演大姑姑，每天早上都要问下面的仙女："我美吗？"仙女异口同声地回答说："美。"

姑姑只是淡淡地笑了笑，然后转头问芍药："芍药，你说我美吗？"

芍药回答说："姑姑今天很美。蓝色的眼影和蓝色的纱裙相呼应，发髻也绾得很别致。"

听了这话，姑姑哈哈大笑，心中非常高兴。

假如芍药也像其他仙女那样，只是笼统地回答一声"美"，相信她肯定无法得到姑姑的重视，更无法成为姑姑的接班人。任何人赞美的目的都是为了打动他人，得到他人的好感，但是空洞而没有实际内容的赞美，最后只会让对方更加疏远你。

与人沟通时，应该从具体的事件入手，善于发现别人微小的优点，不失时机地予以赞美。赞美他人时，语言越详细越好，因为那样说明你很了解他，非常看重他的优点和成绩。另外，具体的赞美还有助于拉近你们之间的关系。假如你只是含糊其词地称赞对方，对他说"你工作很出色"或"你真好"等空泛的话语，很容易引起对方的反感，甚至让对方产生误解。

空洞的赞美一旦泛滥，就无法打动他人的心。我们唯有说出一些具体的溢美之词，才更容易让对方觉得我们的赞美是认真的、细致的。总之，赞美他人，不要说一些空泛无力的话，而是一定要具体化、细节化，要根据具体的事实进行评价。

间接赞美效果更佳

赞美他人的话每个人都会说，但赞美后的效果却不尽相同。例如，你想追求一位漂亮的小姐，每天在她面前夸她漂亮得像仙女一样，对方对你的态度淡淡的；而另一个人经常在这位女士的朋友、同事面前夸赞她漂亮、有气质，希望能娶到这样贤惠的妻子，却反而得到了她的青睐。

直接赞美别人，固然能取得一些效果，但如果处理不好，就有可能让自己的赞美沦为阿谀奉承，给对方留下负面的印象，反而让人觉得你的赞美之词显得太露骨、太肉麻。再者，赞美就像蜜糖，吃多了口味相同的糖，就会让人觉得索然无味，这就像你总是直接赞美一个人，难免会让他听腻烦。

一个懂得赞美技巧的人一定会巧用间接赞美，来润滑自己的人际关系。

营运部经理小葛是个内向而又多疑的人，并且对谁都是少言寡语的。一次，同事小丽、静静和喆喆在一起闲聊天。小丽对静静说："女人就应该多打扮，不化妆坚决不能出门。因为男人都喜欢化了妆的妖艳女人，要不那些小三、二奶都喜欢打扮得花枝招展的；女人不坏，男人不爱。"

对此喆喆大为反感地说道："女人最主要的是内在，不是光有外表就行的。你看人家小葛，平时也没有浓妆艳抹的，但感觉就是有气质，我就喜欢她那样的。"

恰巧此时小葛冲咖啡路过这里，无意间听到了喆喆的赞美，她的心里真像吃了块糖那般甜。

从此以后，小葛跟喆喆就经常聊天、谈心，互相倾诉自己的小秘密，成了无话不谈的闺蜜。

在小葛看来，喆喆是在背后赞美自己的，而且并不知道自己会听到，这种赞美不是刻意的。如果喆喆当着小葛的面说这样的好话，生性多疑的小葛可能就会认为喆喆是在有意讨好她或者是在打趣她。

由此可见，在背后说别人的好话，要比当面夸赞别人效果明显好得多。

比如你当着同事的面赞美上司，你的同事会认为你在刻意讨好上司，会引起周围人的反感，而你的上司也难免会认为你有奉承之嫌。这样一来，直接赞美不仅起不到良好的效果，甚至还会起到反作用。所以，有的时候不如试着去间接赞美别人，既能表明自己出自真心，也能减少不必要的尴尬和误会。

不仅如此，上级如果运用间接赞美来鼓励下属，比直接赞美更能起到激励效果。

后勤部的王刚最近非常郁闷，因为他又一次把市场数据分析表搞得一塌糊涂，这已经是本月第三次出现差错了。为此，他除了害怕被炒鱿鱼以外，还感觉自己什么都干不好，对自己失望透顶。

一次，他跟前辈崔浩聊天时唉声叹气地说："我觉得经理快要炒我鱿鱼了，我什么都干不好，干脆回家种地得了！"

没想到崔浩说："怎么会呢？上次我跟经理闲聊时他还提到了你。他说你在做数据、做表格上面是有欠缺，但他夸你性格大方、酒量又好，如果做起销售来肯定是个好苗子，他还考虑将你调到销售部呢！"

听了崔浩的话，王刚心情非常激动，瞬间充满了力量。从此以后，他做事情越来越细心，做表格的技术也直线上升。

如果王刚的经理此时对他直接说一些鼓励、赞美的话，可能王刚就会认为经理是在安慰自己，不会产生太大的感触。但当他从崔浩的口中听到了上司对自己的赞赏后，就会深受感动，从而会更加努力地工作，以报答上司对自己的"知遇"之恩。

除此之外，间接赞美的好处还体现在它可以发现别人"隐藏的闪光点"上。称赞一个人时，与其直接称赞人人都知道的优点，倒不如间接地发现他并不显眼，甚至连他自己也未曾觉察的优点，并加以赞美。

他最大的优点已成为人人皆知的了，在所有人看来都已经习以为常了，而那些大家并不知道的优点，很少有人发现，因此对这个人来说就弥足珍贵。此时，你独特的发现与称赞，让对方发现了自己身上的优点，增加了自信。当然，与此同时你不同凡响的观察力还会获得对方的认可。

其次，大部分人表达感情都是比较含蓄的，即使是让他面对自己最亲密的亲人、朋友，他也不好意思当众表达得太过明显，太过直接。

因此，不管你是个什么样的人，生活中与人交际，在跟他人表达自己的赞美之情时，想要让自己的语言既有赞美之功效，又无奉承之嫌疑，只要运用间接赞美就可以完美达成。

意外赞美带来"意外"收获

人是一种感性动物，每个人收获什么样的情感，他就会反馈给你什么情感。你不懂得欣赏和感恩，你就会不顺利。因为谁也不愿意面对一副冷漠、缺乏热情的面孔。每个人都希望得到他人的欣赏和鼓励，收获一份喜悦。

当一位女士态度蛮横，你却大度地赞美她的鞋子很漂亮，也许下一秒她就会向你展现笑脸；当你的同事都在埋怨另一个同事总是捣乱，把事情办砸的时候，你却能赞美他行动力很强，可能从此他的行为就会改变；当你的孩子拿着考试的卷子，因为考得不好，害怕受批评，心情低落时，如果你赞美他的字写得很好，也许下次他就能给你带来惊喜。

一语让人生，一语让人死。可见，关键时刻，一句话就能改变一个人的未来。当一个人害怕得到指责，或者根本没有任何希望能得到他人的认可时，此时如果你能够不吝其词地真诚赞美他，就会让他对你的赞美印象深刻，甚至会终生难忘。

倩倩是一家快递公司的到港客服，就是负责所有到岸快件

（就是到达目的地）的破损处理。由于她们所在的办事处紧邻一个小的批发市场，有时候也有客户过来寄快递。为了方便，公司规定倩倩也要帮着客户填单子，寄快件。每天到岸的快件少则一两千，多则三四千。当然，随着快件量的增加，倩倩负责的破损快件的处理量就可能会增加。

有一次，由于天气原因，到岸的快件破损了好多。倩倩一遍一遍地向客户解释原因，却遭到许多客户的不理解，心情异常烦躁。

这时候正好有几个人过来寄快递。倩倩就没好气地跟他们说："自己去那边填单子吧，我没空帮你们！"

其他人都拿了快递单悻悻地去旁边填单子去了。

其中，一位阿姨过来拿快递单子的时候惊喜地说："你长得很像那个演员叫什么来着，对，赵丽颖，真的很可爱。"说完还不忘向其他人求证。

倩倩惊讶地看看那位阿姨，脸上露出了害羞的微笑。慢慢地，她开始指导起那些不会填写快递单的人，也帮着他们称重物品，服务变得热情了好多。

正是由于那位阿姨在倩倩服务态度很差的情况下，还能够衷心地赞美她很可爱、很漂亮，才让倩倩的态度发生了改变。

有句老话说"拿人的手短，吃人的嘴短"，每个人对别人的"恩惠"都会存在一种"补偿心理"。当你在赞美他时，会让他收获喜悦、自信、力量等，因此他就想用其他美好的东西来回报你的"付出"。特别是当自己的行为与赞美是背道而驰时，对方意外地得到了你的赞美，这种补偿心理就会更加强烈。就像孩子打碎了花瓶，满以为会挨打，妈妈却一边说她好担心孩子会伤到自己，一边夸赞他身手敏捷。他内心的愧疚感就会让他更懂事，免得再让妈妈担心。

人与人相处，难免会产生矛盾，或者是误解。此时，不妨反其道而行，赞美一下对方。反而能够化解对方的怒气，达到释疑解纷的效果。

王森的老板最近出了一点儿小问题，经济上有些紧张，导致公司人员配备紧缺；而作为财务经理的王森更是左右为难。因为办公室里原来的两个有经验的财务都因为生孩子而离职了，新招来的两个又都没有经验。因此，财务上的事情大部分都压在了老员工小芳的身上。

这天，老板非常着急地要公司这个季度的财务分析，新来的职员晶晶跟小范做得慢不说，而且不了解情况，容易出错。于是王森就又去找小芳，让她来负责做这件事情。本来小芳最近就非常郁闷，听完王森的话后非常生气地说："王经理，你是不是太偏心了！我的职位是财务外勤，跟各个银行交接才是我的工作。财务数据分析本来就是晶晶跟小范的工作，怎么都让我来做！"

王森听后本想拿上司的权势跟她理论一番，但又怕伤害了同事间的感情，就故意夸张地说："她们俩哪有你能力强啊，她俩加在一起也不抵你一个。在我眼里，你是个能干大事的人，所以才来找你的！"

小芳听了经理的赞语，不觉转怒为喜，也顺利地完成了王森交代的事情。

王森本可以利用自己的职权向她施加压力，或者痛批小芳不为公司着想的行为，但是他却没有这样做。正是由于他转批评为赞扬，才能让小芳心甘情愿地去接受额外的工作。

所以，在他人没有理由能获得你的赞美，或者那是他的本职工作，他并不期望能得到你赞美的时候，给他一句赞美，可以让你的赞美发挥出无法想象的力量，更加有利于你的人际交往。

巧用他人力量帮你赞美

有时候你会发现这样一个现象：如果只有你自己说这件事情好的时候，别人不一定相信。但如果大家都这么说的话，别人就肯定会相信。

因为在每个人的心目中，总是认为"观众的眼睛是雪亮的"。也就是说，每个人都觉得大家公认的事情就是得到过事实验证的，是最公平、最客观的；而你的认为只代表了你一个人的立场，可信度不高。

同理，如果你在夸赞一位男士时说："你很有才。"他就会觉得这只是你自己主观上觉得他聪明，意义不大，但如果你夸赞他："大家都说你很有才，起初我还半信半疑，今日一见，果然名不虚传啊！"他肯定会分外地欣喜。

小丁是一个奶制品销售公司的业务员。由于天气炎热，奶制品滞销，业绩迟迟上不去。但是公司里的老业务员冯正却能一反常态，每个月都能完成公司规定的业绩。眼看自己马上就要因完不成业绩而遭到罚款，最后，小丁决定向冯正取取经。

不过，在小丁去找冯正之前，冯正就告诉小丁，今天自己非常忙，只能给他几分钟的时间。

果然，小丁找到冯正的时候，正巧他正忙着跟自己的客户谈论发货的事情。小丁不敢打扰，就静静地站在一旁听着。

等了好半天，冯正终于把客户给搞定了。

没等冯正开口说话，小丁就双手握住他的手，激动地说："早就听大家说冯哥你搞定客户很有一套，今天见你谈客户，真是让我大开眼界。我瞬间就变成了你的小粉丝，感觉你就是我心目中的那个'男神'！"

听了小丁的话，冯正谦虚地说："哪里，哪里，大家都是一样的。"

"怎么会一样？你看我最近就特别背，这个月快到月底了，要是再完不成任务的话，恐怕就要挨罚了，我正发愁呢……"

听完小丁的话，冯正一拍胸口，慷慨地说："小丁你就放心吧，就冲今天咱俩这么投缘的份上，我也会帮助你的。要不然这样，晚上咱俩一起吃饭，你在饭桌上给我详细讲一下你那个客户的情况，我们一起来分析分析……"

就这样，两个人越谈越投缘，那个月在冯正的帮助下，小丁顺利达标，并且他们最后还成了好兄弟。

如果小丁上来就讲自己需要冯正的帮助，在那么忙的情况下，冯正肯定会找理由推脱。正是由于小丁会运用"大家都是这么说"来称赞他，让冯正的自尊心得到了极大的满足，愿意牺牲自己的吃饭时间来对小丁施以援手。

由此可见，关键时刻引用"大家都这么说"可以让你的赞美听起来更有可信度，更易打动对方。

因为在一般人的观念中，"第三者"所说的话大多比较公正、实在。如果你赞美的语言中强调了你的意见也是大家都公认的结果，那么他就不会怀疑你说的话是在恭维，就会更加容易相信和接受你。

舒老师是一名教外语的初中老师，新学期他们班转来了一个名叫航航的男同学。据航航的上一任老师讲，航航非常聪明，但就是不爱学习，喜欢追星，整天想着当大英雄。不管是家人、老师怎样苦口婆心地劝说都没用，最后他甚至开始用沉默来抗议大家。

这天放学后，舒老师把航航独自留在了教室里。

"你别想当我的说客，我不吃这一套！"航航还是用之前对付老师的那招，表明自己态度后就陷入了沉默。

"没有啊，我只是想看看同学们口中的'小赵文卓'到底是哪里跟赵文卓本人像，毕竟赵文卓也是我心中的偶像。嗯，鼻子很像，下巴也有点儿像……"舒老师微笑着说。

听了舒老师的话，原本一直沉默的航航竟然开口道："真的吗？舒老师，你不会骗我吧？赵文卓老师可是我的偶像，我梦想有一天能成为像他那样的功夫巨星！"

"当然是真的了，我也是听了大家的说法才来一探究竟的。"

舒老师回答道。

"不过赵文卓老师虽然是个大英雄，可据我所知，他还是个高材生呢。如果他当初像你这样不学习，怎么有能力跑到好莱坞为国争光呢？"舒老师话里有话地说道。

听了舒老师的话，航航陷入了沉思……

在接下来的几个月里，他一改往常的表现，学习越来越刻苦，学习成绩也得到了很大的提高。

正是由于舒老师善于引用"大家都这么说"先夸赞航航，才会让航航放下警戒心，虚心听取她的意见，舒老师也才能顺利地说服航航努力学习。

总之，不管对方是男人、女人、老人还是小孩。赞美他时，引用"大家都这么说"可以让你的赞美更有说服力和可信度。特别是针对女人，因为女人对语言的想象能力一般都比较弱，只有对于一些实际的夸赞，她们才比较容易理解。如果你夸奖她"有魅力"她可能无法想象出其中的美好，反而会不以为然；但如果你直接说"大家都说你的气质很像刘诗诗"，她则可以立刻收到你的赞美，并且非常乐意接受。

温暖的语言才能打动人心

常言道："良言一句三冬暖，恶语伤人六月寒。"很多时候，语言的威力非常强大，甚至远远超出人们的想象。因此，在与人交往时，我们千万不要不假思索以语言攻击和中伤他人，而要宽厚友善，即便得理也要让人三分。唯有如此，我们才能给身边的人带去温暖，得到他们的尊重和信赖。

现实生活中，每个人都有自己生活的小圈子。在这个小圈子里，也许就有很多人需要我们安慰。有的朋友做生意失败，或者婚姻生活不如意，需要安慰；工作中，有的同事工作失误，被老板批评了，甚至扣掉年终奖，也需要我们安慰；家庭生活里，我们也要与至亲至爱的父母、爱人和孩子交往，当他们遇到为难的事情时，不仅需要我们来分担，更需要我们的安慰。在这种情况下，假如我们哪壶不开提哪壶，总是拣着别人不愿意听的话说，甚至故意说些让人心寒和绝望的话，那么可想而知，我们最终必然成为孤家寡人，因为没有哪个朋友愿意与冷血的人相处。

有的时候，处于危难之中的人需要的未必是实际的帮助，而是能够传递温暖的安慰话语。说话，虽然是一件非常微妙的事情，但是只要我们用心，是能把话说好的。而且用语言带给他人温暖，比起实际的帮助也显得更容易，我们何乐而不为呢？这就像是投资友情，暖人的良言是以最小的投入，获得最大的回报，聪明的朋友一定都知道该怎么做。而且，当我们没有能力给予他人更多的时候，用语言温暖人心，也是我们最方便去做，对他人最立竿见影的帮助。

当然，身处危难之中的人往往比较敏感多疑，心理上也非常脆弱。在这种情况下，我们安慰他人就一定要注意方式方法，就算是平日里说话大大咧咧的人，此时也要谨慎地表达，而不能再口无遮拦，给他人心理和感情上带来更大的伤害，导致事与愿违。

在一次地震中，艾米被压在大厦下面，经过几天几夜的等待，她终于迎来了救援人员。然而，此时的艾米已经奄奄一息，只是求生欲望，还在支撑着她微弱得如同烛火般的生命。

救援人员知道艾米就在那里，但是一时之间还没有办法把她救出来。为了让艾米保持清醒，唤起艾米的求生意志，一位救援人员留在距离艾米不远处的废墟中，与艾米"聊天"。因为失血过多，艾米浑身发冷，恐惧至极，她对救援人员说："我害怕，别离开我。"救援人员马上以坚定的语气回答："放心，我一定守在你的身边，我不会离开半步的。"救援人员的话使艾米得到些许安慰，精神也好些了。她又对救援人员说："如果我死了，告诉妈妈我爱她。"救援人员说："我在你身边，你不会死的，你会活得像花儿一样，我很快就会救你出去。相信我，相信我，我一定会救你出去。"在等待救援的漫长时间里，救援人员一直在陪艾米说话，也以温和坚定的语言帮助艾米重新树立生的希望，激发起艾米顽强的求生意志。艾米最终被解救出来了。后来，艾米和这位救援人员成了好朋友，不管遇到什么事情，她都愿意征询他的意见，从他那里得到力量。

语言的力量，超乎人们的想象。温和的语言，能够使人们原本绝望的心里重新点燃火种，也能够使已经放弃的人再次紧紧握起手。废墟之中的艾米，如果不是有救援人员不停地激励和鼓舞她，以充满力量的语言分散她的痛苦，也许生命早就戛然而止了。

在这个世界上，每个人的脾气秉性都是不同的。对性格刚烈的人而言，以硬碰硬只会让他们更加强硬；反而以柔克刚，更能让他们产生同情心和恻隐心，甚至给你特别的优待。需要注意的是，温柔的话不是乞求，一味乞求也会让人心生厌恶。在以柔克刚时，我们虽然要尽量温柔一些，说些软话，但是却要讲究技巧和方法。换言之，就是以温柔的方式说出有力的话来，这样才能真正打动人心。此外，以柔克刚也是需要有度的，如果一味退让和妥协，最终偏离了方向和初心，则无法起到预期的效果。任何方法都不可能放之四海而皆准，我们必须因时、因地、因人、因事制宜，才能最终如愿以偿，事半功倍。

失意人面前不谈得意事

　　失意的人是最脆弱的，也是最敏感的。在失意的人面前谈论得意的事情，他很可能会把你的话语看成是对他的嘲笑，就算你是无心的，他也会因此耿耿于怀。

　　生活中许多人都喜欢在人面前炫耀自己的成绩，遇到人就说自己多有能耐，多有钱，丝毫不顾及他人的感受。即便听者刚遇到失意的事情，正处在人生的低谷，他们也肆无忌惮地谈自己得意的事情。原本，他们是想通过谈论自己的成绩获得大家的敬佩，从他人身上寻找到被肯定、被认可的存在价值。却不知，很少有人愿意听不关乎自己利益的事，尤其是"认证"别人活得更好这件事，更令人反感。

　　如果身边的朋友正处在失意的状态中，请停止你的炫耀，否则会让对方感到不愉快，慢慢地疏远你，甚至对你怀恨在心。比如，一个做生意刚失败的朋友找你诉苦，你却大谈自己多么成功，肯定会惹怒他。反倒不如谈一谈你当年做生意跌得多么惨，让他明白"失败是成功之母"，帮他重新建立自信，以图日后东山再起。

由于经营不善，梁斌的公司不久前破产了，追债的人每天都堵着他家的门。更不幸的是，妻子此时拿着离婚协议书逼梁斌签字，想离开这个支离破碎的家。梁斌可以说是内外交困，已经很难支撑下去了。

身边的朋友都知道梁斌的遭遇，因此遇到他时都刻意避免谈论和事业有关的事情。但是，喜欢喝酒的刘俊却没有忌讳这一点。酒桌上，几杯酒进肚里后，刘俊开始大谈自己曾经的风光岁月，说到得意处还手舞足蹈的。原来，当初刘俊做生意赚了很多钱，如今住着豪宅，开着豪车，所以忍不住在大家面前炫耀自己挣钱的本领。

梁斌早已听不下去，面色很难看，羞愧地低下头。刘俊却拍着梁斌的肩膀说："怎么样，兄弟？要不以后跟我混去？"梁斌没有接话，却说："我先去洗手间洗把脸。"然后借此机会离开了。

梁斌为什么离开，大家都心知肚明，只有刘俊一个人还不知道怎么回事。

事后，梁斌再没有和刘俊见面，总是有意无意地躲着他。

在失意的人面前炫耀自己的风光，能不得罪人吗？刘俊就是因为不懂得这点，才把自己的朋友气跑了，最后失去了这个朋友。

不分场合、不分对象张扬自己，是低情商的表现。当你处

于顺境和春风得意时，和人交流要充分考虑对方的性情，避免无意中伤害对方的自尊心。

诚然，事业有成，生活美满……这些都是值得庆贺的事情，但是不要得意忘形，更不要无视对方的心理，尤其在失意人面前张扬你的春风得意，无疑是在他们的伤口上"补刀"。如果因此而激起他人的怨恨，破坏了人际关系，是非常不值得的一件事。

第四章

幽默是最高端的情商

用幽默给人际关系加点"料"

幽默是一种语言技巧，更是人们适应环境的一种特殊语言工具。有些人其貌不扬，却因为富有幽默感而获得了许多俊男靓女的青睐，拥有了美满的婚姻生活；有些人资质平平，没什么过人之处，却因为自己的风趣幽默，收获了周围人的喜爱，仿佛好运气也总是围着他们转，升职、加薪，更是水到渠成；还有些人在面对一些尖锐的问题时，明明处于劣势，却能够运用幽默轻松解决各种棘手的问题，令他人对其刮目相看。

美国心理学家赫布·特鲁说过："幽默可以润滑人际关系，消除紧张，减轻人生压力，使生活更有乐趣。它把我们从个人的小天地里拉出来，使我们一见如故，寻得益友。它帮助我们摆脱窘迫和困境，增强信心，在人生的道路上知难而进。"

在日常生活中，幽默是不可或缺的调味品。在很多场合，一个幽默的人往往比一个呆板的人更受欢迎。有时候，适当调侃一下你的朋友可以增进双方的关系。比如，朋友们相约一起结伴旅游，旅途中的疲惫不堪和长时间的沉默，肯定会使气氛变得沉闷，此时如果戏谑一下自己关系还可以的朋友，一定能改变当时的气氛，为沟通增加很多乐趣。

段经理是一个只有中专学历、相貌平平的销售部经理，大家却非常喜欢跟他在一起工作，而他也以幽默机智著称。

一次，公司打扫卫生的阿姨正端着满满一大盆水准备擦桌子，段经理刚好端着一杯咖啡经过，阿姨边跟跟跄跄地走，边喊道："段经理，别动，别动。"可能是段经理思考事情太入神了，没有及时反应过来，结果阿姨端着水盆一下子撞到了段经理的身上，溅了他一身的水。打扫卫生的阿姨一看自己闯了大祸，正觉害怕，不知该如何解释的时候，段经理一边拍打着自己身上的水，一边说道："我以为你说'别动'是干啥呢，原来是为了瞄准我。"

一句话令原本一个个严肃工作的同事都哈哈大笑起来。那个打扫卫生的阿姨见状，脸上的灰暗也一扫而光。

作家柯南·道尔在罗马时，一次乘坐出租车去旅馆，途中两人聊了起来。司机问："您是柯南·道尔先生吗？"

"你怎么知道我的名字？"柯南·道尔感觉很奇怪。

"哦，简单得很，您是在罗马车站上车的，您的穿着是英国式的，还有就是您的口袋里露出了一本侦探小说。"

"太了不起了！"柯南·道尔叫起来，他很惊奇在意大利会碰到第二个"福尔摩斯"。他习惯地问一句："你还看到其他什么痕迹没有？"

"没有，没有别的，除了在你皮箱上我还看到你的名字外。"

司机故意卖了个关子，让柯南·道尔误以为他是第二个"福尔摩斯"。然后，司机再出乎意料地解释，造成强烈的幽默感。由此可见，幽默是一种最有趣、最实用的沟通技术。

一个拥有幽默感的人跟别人谈话可以让他人感觉到快乐、轻松，可以瞬间拉近与谈话者之间的距离。幽默可以在你面对生活或者工作中的困境时淡化自己消极的情绪，采取一种积极乐观的态度和方式去处理这些问题和烦恼，促进问题圆满解决。幽默更可以化解你的尴尬，促使自己机智而又敏捷地解决与他人的矛盾，减少与他人相处的摩擦，让你跟他人的相处或合作更加融洽。

可以说，一个成功的人，或者是光芒四射的人，一定是一个具有幽默感的人。卡耐基曾经说过："关于沟通，除了词汇以外，最重要的就是如何让自己的话变得有趣味。"因此，懂得幽默是一种说话的智慧、一种才华，更是一种必备的说话艺术。

幽默是化解难堪的神器

每个人在生活中都难免会有遇到尴尬的时候，如果处理不当，就会让事情急速恶化，导致自己非常难堪。因而，掌握化解尴尬的方法，几乎是每个人行走社交场合的必备武器。当你学会轻松自如地化解尴尬，你就能够一马平川地走下去，再也不担心自己会当众出丑啦。在诸多化解尴尬的方法中，幽默无疑是最佳方式。因为幽默不但能够帮助你化解尴尬，还能展示你的机智风趣，更能带给在场的人们轻松愉悦的心情和欢笑。既然如此，那么我们当然要努力让自己变得幽默起来，从而帮助自己更好地经营人际关系，使自己成为处处受欢迎的人。

在美国白宫举行的钢琴演奏会上，作为白宫的主人，里根总统当然要上台致辞。然而，正当他讲话讲到一半时，随同他一起坐在台上的总统夫人南希，不知道为何，突然连人带椅子一起跌落台下，在台下黑压压就座的观众们的众目睽睽之下，南希作为第一夫人简直太尴尬了。不过，南希反应很敏捷，在确定自己没有受伤之后，她马上身手矫健地爬起来，坐回座位上。

看到夫人毫发无损，也没有误伤到人，里根中断演讲，笑着对南希说："亲爱的，你简直太体贴啦。不过，你忘记了我曾经告诉过你，只有在我的演讲无人鼓掌的时候，你才需要进行这样的表演，帮助我博得掌声。"里根的话音刚落，现场就爆发出热烈的掌声和善意的笑声。里根的话成功地化解了南希的难堪，现场气氛反而变得更加热烈、融洽了。

里根之所以能够保持镇定，不但是因为他有过人的胆识，也因为他拥有幽默的能力，相信自己可以很好地化解尴尬。一句轻松的幽默言语，不但让南希不再那么难堪，也活跃了现场的气氛，让大家都尽快从沉闷和担心的状态中摆脱出来。如此一来，他还给后来的演奏会铺垫了气氛，让在场的每个人都能带着愉悦的心情欣赏接下来的美妙演奏。

作为大名鼎鼎的钢琴家，波奇有一次前往密歇根的弗林特进行演出。但是，这次演出很尴尬，显然这里的观众们并不热衷于欣赏钢琴演奏，因而到场的人稀稀拉拉，至少有一半以上的座位都空着。看到此情此景，波奇真的非常失望。但是他很清楚，如果他任由失望的情绪发展下去，就会影响他接下来的演奏。因而，他放松心情，走到舞台中央，对着台下的观众深深地鞠了一躬，说："看来，弗林特是一个非常富裕的城市啊！"听到他这无厘头的话，观众们感到很惊讶，沉默不语。这时，波奇又接着说："我发现，你们每个人都买了3张票，所以现场才会这么安静。让我们都拥有良好的环境，尽情享受这一刻的相聚。"说完这句话之后，不但现场观众给予波奇热烈的掌声，就连波奇自己的心情也变得好起来了。最终，他圆满地完成了这次演奏，博得了观众的一致赞许和认可。

波奇看到台下空荡荡的座位，当然会产生失落的情绪。幸好，他有很强的自我娱乐精神，也用一句幽默的话给到场的观众带来了好心情，最终使自己的演出获得成功，也使得观众觉得不枉此行。

总而言之，幽默是生活中最好的调剂，只有懂得幽默的人，才能更好地享受生活，也才能从容地面对生活中很多意外的尴尬和难堪。在很多时候，幽默不但能够解除我们个人的尴尬，也会使现场的所有人都变得轻松愉悦，再次拥有好心情。

幽默是可以后天培养的

幽默是生活波涛中的救生圈，每逢尴尬场景，唯有幽默才能让在场的所有人都全身而退。幽默来源于生活，也应用于生活。因此，想要学会幽默，用心生活很重要。

1. 积累身边的幽默素材

幽默不是一个人生来就有的天赋，幽默感的养成同样需要后天的不断积累。丰富的知识、广博的见闻是幽默得以发芽的阳光雨露，只有头脑中的"存货"足够多，讲话时才能更加自如地运用幽默。

英国前首相迪斯雷利在一次十分成功的即兴演说之后，有个年轻人向他祝贺说："您刚才那段即兴演说真是太棒啦！"

迪斯雷利回答道："年轻人，这篇即兴演说稿我准备了20年。"

20年未免夸张，但也说明了一个问题：要想自己的言谈游刃有余并且幽默，要想拥有即兴幽默的能力，就要花时间去收集一些故事、笑话、趣闻或妙语。这些幽默的小素材不知在哪次谈话中就会被用到，帮助自己打动人心，或者在窘迫的场合帮助自己摆脱尴尬。

2. 体会别人的幽默感，学习听懂笑话

体会别人的幽默感，然后进行模仿。把心胸敞开，去接受各种不同的人和事，这些人和事都会在你的心中留下痕迹，成为幽默感的储备库。下面分析两则幽默故事，可以感受一下。

——你干吗要给那个乞丐钱？

——硬币扔进碗里的声音有助于减肥。

如果你不想从道德的角度跟对方讲自己的价值观，那么你就幽默一下，一句话搞定。

——这次她给他可戴了顶绿帽子。

——这不挺搭他的衣服吗？

不想和对方继续聊别人在外面乱搞的话题时，可以很正面地回复，同时不要表现出八卦的心态，否则对方跟你接着这个话题聊下去的兴致就不会消失；你也可以很自然地开始下一个话题。如果不想负面地评价一个人时，避免尴尬的方式就是幽默地讽刺一下。

3. 时刻保持愉快的心情、幽默的心态

林语堂曾经说过："豁达的人生观，率真无伪的态度，加上炉火纯青的技巧，再以轻松愉快的方式表达出来，这便是幽

默。"的确，幽默是一种深刻的乐观，乐观的人快乐，快乐的人幽默，所谓"言由心生"也正是这个道理。

4. 幽默的方法和技巧

（1）自我暗示法

想要自己成为一个幽默的人，就要先把自己定位成一个幽默的人，积极的自我暗示就是给自己定位的一种方法。自我暗示可以自己默默地进行，也可以大声地表达出来，还可以用笔记下来。

每天只要坚持十分钟有效的练习，就能够改变我们多年养成的思想习惯。当然，我们越是经常性地暗示自己，就越容易创造出一个积极的现实。

无论身处何地都要相信自己一定可以提高自己的口才，想象自己有一天会在公共场合利用幽默成为受欢迎的人。想让自己成为一个幽默的人，就要有一个乐观的心态，才能对日常琐事有一个积极、乐观的认识，才能培养幽默的态度。

（2）话题信息法

所谓话题信息，就是在我们接触到的电视、网络、书籍或者与他人的交谈中，将接收到的幽默事件或者笑话记录下来，每天记下一两件，在记录时还要结合思考。当你有了一个深思的过程，讲起笑话来就更能得心应手。

在听别人谈话时，随时都可以听到幽默的话语、谚语，把这些话在心中重复一遍，记在心上并勤加练习。久而久之，你谈话的题材、资料就越来越多，你的幽默感就越来越强，说起话来就可以条理清楚，且能时不时地幽默一下。

对于谈话的题材和资料，也要懂得如何应用。一句普通的话在什么场合可以产生惊人的效果，这需要经过长时间的细心观察、琢磨，不要忘了收集素材的目的是为了更好地应用。

（3）时刻练习法

无论你在何时何地，只要看到与你近段时间接触的幽默事例或笑话相仿的情景，都可以用幽默的方式说出来。要学会张冠李戴，将笑话中"人、事、时、地、物"等稍做修改，再融入与当前自身环境相关的元素，不仅能温故而知新、练习思维，而且还能使笑话的效果完全不同。

练习的前几次肯定不尽如人意，但只有感觉到有缺陷，才能找到改进的地方。如果你在幽默方面从开始到现在一直自我感觉良好，那么只有两种情况：要么你是一个有幽默基因的幸运星；要么你只是单纯地自我感觉良好，而对方并不接受。这时你要仔细观察对方对你幽默的反应，如果对方的反应不是很愉快，你就需要调整自己的幽默方式并且勤加练习了。

虽然很多情况下无法即兴地想出幽默的话，但至少也要在脑子中尝试一下。时间久了，自然会在一定的场合找到合适的机会说出一些幽默的话。即使你说出的笑语很"冷"，也比说那些平淡如水的话要强得多。总之，关键就是要有自信，不怕说出冷笑话，要有勇气和欲望不断地尝试，不断地提高技巧。

（4）全思维练习法

对于同一个主题，你可以站在不同角度分别进行演讲，这同样是快速训练自己幽默口才的方法。

即使不是原创也不要怕，更不要怕幽默的效果不强烈，谈论别开生面的话题，也许会给人以"柳暗花明又一村"的感觉。

（5）形态训练法

要培养微笑的习惯，可以在众人的目光下自信地微笑，锻炼自己的亲和力，自己可以在镜子前练习微笑，训练自己的形态和手势等。

曾有一位叫"大头"的小孩，哭着跑回家，对妈妈说："妈妈！他们都笑我头很大，我的头真的很大吗？"

妈妈一边摸着"大头"的头一边笑着说："你的头一点也不大！"

单看这段话没人了解其幽默点，但若讲话者配上夸大的手势动作，再摸着一颗大头，那么就会因手势与内容的矛盾而产生"笑果"。因此，幽默并非只要求会讲，还要会"演"。

下面这个笑话也是来源于动作的夸大：

有一天男孩硕硕贪玩做错了事，妈妈就罚他到观音像前忏悔。

妈妈说："如果观音原谅你，你就不用再跪了。"

于是，硕硕就跪在了观音面前。但是不一会儿，他就坐到了饭桌上。

妈妈问："我不是说观音原谅你你才可以吃饭的吗？"

硕硕边用手打着 OK 的手势边说："我问观音了，我说我错了，可以吃饭了吗？观音用右手对我说'OK'。"

在什么场合讲什么笑话

书到用时方恨少，幽默也是如此。幽默感的形成靠的就是日常生活中的不断积累，想要把自己培养成一个幽默的人，就要先学会用幽默的方式思考生活，用幽默的视角观察生活，用幽默的节奏引领生活。当幽默已经成为你的习惯，你就会发现，幽默其实无处不在。

1. 选好笑话

如果你要讲笑话，首先要做的事就是确定你所要讲的笑话是否是一个好笑话。好笑话就是指这个笑话没有被传遍大街小巷，不是"老梗""烂梗"，讲一个"古董级别"的笑话只会让听的人尴尬、讲的人丢脸。

选笑话最好是跟当前的环境符合，这样无形中会为你提供一个背景，更易于让人接受。

"双十一"的时候你就可以讲："每当光棍节的时候我就去玩'连连看'，消灭一对是一对。"

在饭店等餐的时候你可以讲："有一次我去东北出差,在饭店要啤酒,服务员问:'您要常温的还是冷藏的?'我说:'大冷天的我就不要冷藏的了。'服务员说:'常温的零下15℃,冷藏的零下1℃。'"

遇到沙尘暴天气的时候你可以讲："有一次沙尘暴,记者在街上采访一位老人:'大娘,您觉得沙尘暴天气对您的生活有什么影响?''影响太大了,'老人说,'首先,我是你大爷⋯⋯'"

2.笑话要符合听众的品位

水能载舟,亦能覆舟,讲笑话也是如此。恰当的笑话可以活跃气氛、化解尴尬,不合时宜的笑话却会制造矛盾、引起纷争,所以讲笑话要注意对象,把握尺度,务必要做到以尊重为底线,以和气为前提。

同样,在职场上更要注意,随着现代社会的组织渐向扁平化,老总与下属之间的距离拉近,因此会有些较开明的主管能接受员工的调侃或讽刺,这样不仅能使他成为全场焦点,更能突显其大气、包容和平易近人的特性。但员工在讲笑话前还是要对这些人进行深入的了解,摸清对方的品位,针对对方感兴趣的方面下手,切不可贸然开口,哪壶不开提哪壶。

成鑫在一家广告公司上班,7月初他突然被公司解聘了,原因就是他开了不恰当的玩笑。

公司的李副总负责整个办公室的工作,公司的日常工作也归他管。李副总的能力很强，为人严肃，但他有个缺点，就是普通话说得不太好，总是夹杂着浓重的乡音。成鑫个性比较活泼，平时爱讲些笑话，还喜欢模仿别人说话，所以每次听了李副总讲话都忍不住暗暗学舌一番。

有一次李副总在办公室和同事们闲聊，成鑫一时"技痒"，就模仿李副总的腔调，用方言给同事们讲了一个笑话，结果惹得同事们开怀大笑。当时只有李副总没笑，并且狠狠地批评了成鑫一顿，说成鑫的"闹腾"会使客户对公司的印象不佳。

事后成鑫去李副总的办公室承认了错误，但李副总依然解雇了他，成鑫明白李副总是在"杀鸡儆猴"，最后也只得离开公司，另谋饭碗。

3. 选准讲笑话的时机

场合不对，再华丽的衣服也穿不出品位，再优美的音乐也只会使人受罪。同样，讲笑话也需要掌握时机，时机不对，你的笑话就不再是笑话，而你也就变成了一个笑话。想要掌握幽默的真谛，必须要做到收放自如。

讲笑话一定要考虑到场合与时机，比如，有一板一眼的长者在场时，讲笑话就会产生负面的效果，甚至会受到很多批判，这时的笑话就完全没有必要。再比如，在公司重要的会议上，大家都在谈业绩的增长、年度的发展计划，而你在讲一大堆笑话，这样就会给人留下不务正业、不严肃的印象，甚至可能因此而丢了工作。

4. 不要告诉别人这是个笑话

"大家好，今天的演讲我要以一个笑话作为开场……""我给大家说一个笑话……"这种跟听众提前打预防针地讲笑话，就是纯粹地讲笑话，很是考验演讲者讲笑话的功力，如果功力不足，就不会有好的效果。

如今笑话这么泛滥，很多都是大家听过的，如果你提前说了是笑话，而且讲的时候又是照本宣科，就很难达到预期的效果。如果换种方式或稍作修饰后，在神不知鬼不觉的情况下讲出来，就算听众最后悟出是"老笑话"了，也在悟出的同时接受了新的笑料，这样会起到很好的沟通效果。

5. 铺垫好笑话的背景

同样一个笑话，由不同的人来讲，其效果有着天壤之别。有些人讲得生动、有趣，笑声不断；有的人却讲得让人不知所云，最后变成冷笑话。关键点就在于是否铺垫好笑话的背景。

不会讲笑话的人往往不会把握合适的时机把包袱抖出来，让听众一下子就没了心理预期。所以一定要记住，要讲好笑话首先要学会设置心理悬念，铺垫好笑话的前奏。

在讲笑话的过程中，有以下几个要点需要注意：

第一，语速。语速的控制直接关系到听众能否进入情景。讲笑话经常犯的错误是语速太快，听众还没有理解其中的笑点，但笑话却结束了。或者是整个笑话节奏过慢，前面铺垫得太多，让听众完全反应不过来，不明白笑点，也就失去了搞笑的作用。

在讲笑话的前期，语速尽量放慢，让听众有想象思考的时间，在自己的大脑中构筑情境。在需要引爆笑点的时候要加快语速，让那个意料之外、情理之中的笑点从你的嘴里蹦出，给对方来个猝不及防，才能达到搞笑的效果。而不是结尾也慢悠悠，留很长的时间给对方，这样对方很容易猜出结果，失去趣味。

第二，语气。在积累情绪的过程中，不要照猫画虎，不要一板一眼，要转换成自己的话说出来。要根据笑话本身的内容调整语气，或神秘、或活泼、或消沉，以引导听众，让听众在听的过程中产生身临其境的感觉。

第三，动作。有时可以配合一些夸张的肢体语言来进一步形象地表达自己所讲的内容。在最终引爆笑点时，动作也是很好的辅助工具。

开玩笑也得讲究分寸

有人说："幽默是用逻辑来画漫画。"的确如此，即使一个简单的笑话也能承载我们的思想。有内涵的笑话是幽默，没内涵的笑话是滑稽。幽默可以让我们感受到智慧，而滑稽只会让我们感受到愚蠢，因此分寸的把握对于幽默来说至关重要。为了把握分寸，下面几点是我们使用幽默语言时需要注意的关键点：

1. 幽默的语言要精练

不能用太多琐碎的词语，要删繁就简，点到为止，免得出现歧义，影响大家的理解和欣赏效果。因此，真正得体的幽默是精炼而没有冗余的，简约而又得体的，诙谐而不失度的，滑稽而不粗俗的。

网友："你一个大帅哥主持法律节目，不觉得大材小用吗？"

撒贝宁："法律面前人人平等，再帅也没用。"

在回答网友的问题时，撒贝宁的话说得很是精炼、巧妙，将"法律面前人人平等"这个原本适用于严肃场合的话语巧妙地嫁接到网络聊天的生活语境中，并且与"帅"这种同样不严肃的词连在一起，利用"境"与"境"、"言"与"境"之间的错位，庄词谐用，使话语产生出人意料的诙谐与幽默。

2. 幽默要随机应变

幽默并不适用于所有场合和对象，如果用错了地方，轻则会被听者认为是失礼或没有教养，重则可能危及生命（比如开宗教或者种族主义的玩笑）。许多善于使用幽默的人，他们常常能将窘迫的情境恢复原状，化解尴尬，这实在令人羡慕。

有个议员在发表演讲，大家都在全神贯注地倾听时，突然有一个听众的椅子腿折断了，这人顺势跌坐在地面上。

此时，听众的注意力马上就被这声响给分散了。议员见状急中生智，紧接着椅子腿的折断声大声说道："诸位，现在都相信我所说的理由足以压倒一切异议了吧？"

话音一落，台下立即响起了一阵笑声，接着就是热烈的掌声。

议员以"椅子因为反对其理由而被压垮"的机智应对，既赢得了听众的喜欢，缓解了当事人的尴尬，又加深了自己贯穿的思想"自己所说的理由足以压倒一切异议"，真可谓一石二鸟。

有一次，谢娜给嘉宾送祝福时说错话，脱口而出就是："……所以我也希望你跟你的妻子好聚好散，希望你们……"现场一下子陷入冷场的尴尬局面，何炅赶紧解围说："别见怪啊，有一次人家结婚，她上去送给大家一首歌：'分手快乐，祝你快乐……'"立马逗乐了观众。

当谢娜一时口快说错了话，难免尴尬冷场，何炅用他的才智和幽默巧妙地打圆场，以"她送人'分手快乐，祝你快乐'的结婚贺词"的尴尬往事岔开话题，顺利地转移了嘉宾与现场观众的注意力，使现场的气氛重新活跃了起来。

3. 幽默不能过头

在日常的人际交往中，我们轻松诙谐地开个得体的玩笑，可以松弛紧张的神经，活跃一下严肃的气氛，营造出一个适于交流的、轻松愉快的氛围，因而幽默的人常常受到人们的欢迎与喜爱。但是，如果幽默过了头，效果就会适得其反，因此掌握幽默的分寸是非常重要的。

那么，如何把握幽默的分寸呢？

（1）幽默要分场合，更要把握好时机

在生活中，有许多场合可以说幽默的笑话，如等车时、郊游时、酒前宴后等比较休闲的场合。但在严肃的场合，则不适合展示自己的幽默。

例如，在婚礼上，可以围绕新郎新娘的恋爱趣事适当地开些玩笑，还可以烘托婚礼轻松愉快的气氛。但切忌以新郎新娘的隐私问题作为笑料。

（2）幽默应注意对象

不是什么人都可以开玩笑的，或者可以说不同的人适合不同的幽默方式，开玩笑时要区分不同的身份、地位、性别、阅历、文化素养和性格。我们身边的每个人，因为性格、身份和情绪状态的不同，对幽默的承受能力也不同。

一般来说，在关系比较熟络的人面前，说些幽默风趣的话，即使玩笑开得有些过火也无伤大雅。但如果对方是长者、上级、陌生人、名人、女性、性格忧郁或孤僻的人，则不宜随便开玩笑，否则会适得其反，引来误会或尴尬。

①晚辈不宜开前辈玩笑；

②下级不宜开上级玩笑；

③对方性格外向，能宽容忍耐，幽默稍微过点也无妨；

④对方性格内向，喜欢琢磨言外之意，更有甚者小肚鸡肠，幽默的方式要谨慎。

⑤对方尽管平时比较开朗活泼，但若恰好碰上不愉快或伤心的事，心情状态不佳，就不能随便与其开玩笑。

⑥如果对方不苟言笑，但正好喜事临门、兴高采烈，此时与他开个玩笑，幽默的氛围也会很融洽，不会遇到冷场。

（3）要有正确的态度

指桑骂槐、牵强附会、装腔作势、揭人隐私、笑里藏刀、低级庸俗、油腔滑调等都是说幽默笑话的大忌。幽默的过程是感情互相交流传递的过程，不能借幽默来对别人冷嘲热讽、发泄内心厌恶和不满，因为这不能称之为幽默，别人一定会认为你不够尊重他人，以后也不会愿意和你继续交往。

真正的幽默大师很少利用别人的不足当笑料，相反，当别人因为不足、伤疤、隐私等原因身处窘境时，他们还会挺身而出帮助其化解尴尬，这种幽默才是真正高雅且令人膜拜的幽默。

俾斯麦很喜欢和朋友外出打猎。一次，俾斯麦应邀和一名法官去打猎，两人正在草丛里寻找动物时，一只白兔突然蹿了出来。

"啊哈，那只白兔已被宣判死刑了。"法官先生洋洋得意地说，随即扣动了扳机。

可惜的是这枪并未打中，白兔跳着逃走了，法官先生有些尴尬，不免为自己刚刚夸下海口而感到羞赧。俾斯麦见到这种情形，连忙大笑着对法官说："看来这只兔子对你的判决有异议，自己跑到高等法院去上诉了。"

俾斯麦说完，两个人忍不住哈哈大笑，一场尴尬就此化解。

俾斯麦的幽默非常人性化，他没有嘲笑朋友的枪法不准，反而主动帮助朋友解困。这种幽默避免了尖锐的对立，让人觉得友善、亲切、鼓舞人心，更使俾斯麦的形象大幅提升。

相比之下，生活中很多人喜欢抓住别人的窘境开涮，虽然当下可以制造笑点，但这样的做法会让对方记恨，也让大家感觉这类人是个落井下石的小人，注定不会与其成为朋友。

4. 幽默的内容要高雅

幽默的内容取决于幽默者的涵养与气度。因为正如前面说的，你的幽默也体现了你自己的价值观以及道德标准。

要注意提高幽默的品位。幽默不是简简单单地让人发笑，更不是恶搞。幽默是有趣并且意味深长的，包含着个人的智慧和品位。

有人曾经问湖南卫视主持人汪涵这样一个问题："有人说不能把低俗当幽默，那么低俗和幽默的界限你认为在哪里？"

汪涵回答道："低俗应该就是有毒的蘑菇，而幽默应该就是没毒的蘑菇吧。从表面上看低俗和幽默都能让人发笑，但有毒的蘑菇吃了以后会让人恶心，没毒的蘑菇吃了以后会让人舒心。一个是经得起回味，一个是没有回味已经觉得恶心了。"

5. 幽默态度要友善

幽默的过程是感情互相交流与传递的过程。不要挖苦和嘲笑别人，不要以取笑或报复为目的回击别人的发难。幽默的最高境界就是能把一切难事以轻松、易让人接受的方式化为平凡，需要有些看透一切的大度和智慧。

一次，王朔在《三联生活周刊》上的专栏《狗眼看世界》中撰文批评白岩松的新书。

对此，白岩松回应道："原来我还以为王朔也就批评批评老舍、鲁迅呢，没想到这次调转枪口对我这儿来了。我觉得这个早了一点儿吧，奖状发得有点儿早。他那个栏目叫《狗眼看世界》，我立即发现我得闭嘴了，你可以不同意别人说的观点，但要维护别人说话的权利。不过说真的，王朔的书我在 1990 年左右狂读过一阵，没死的人就出文集了，以前很少有这样的事。于是我买了一套他的文集看了，一段时间里面也抚慰过我，虽然后来的感受渐渐不同了，但感动过已经很不错了，因为王朔的文章里面有很多很真的东西，包括对我的批评，有些是值得我思考的。"

面对王朔的"挖苦"，如果白岩松保持沉默，恐有默认的嫌疑，不免显得理亏；但如果真的唇枪舌剑地交起锋来，只怕会让矛盾激化。白岩松两个方面都预料到了，于是他选择了采用诙谐幽默的口吻进行回应。既阐述了自己的观点，还顺便夸了王朔一番，最后也不忘表达自己接收批评的谦逊态度，真可谓是回应批评的完美范例。

幽默批驳，不触怒对方

　　北宋著名文学家苏轼在做翰林学士时，在宰相王安石门下做事。王安石很器重他。然而苏轼才华不凡，加上性情洒脱不羁，对王安石这位"上司"说话就不太敬重，结果闹出许多不愉快。

　　有一次，王安石谈到坡字，说："坡乃土之皮。"苏轼听了，就开玩笑地说："如果照你这样说的话，那么'滑'字就是水之骨了。"听着苏轼调笑的口吻，王安石很不高兴。

　　又有一次，王安石说："'鲵'字从鱼从儿，合当是鱼子。四马曰驷，天虫曰蚕，由是观之，古人造字，定非无义。"

　　苏轼听后，拱手进言道："如此，'鸠'字九鸟，想必也是有一定道理的。"王安石不知苏轼是嘲笑之言，忙问："哦，怎么讲？"

　　苏轼笑道："诗云'鸣鸠在桑，其子七兮'，七只小鸟再加上它们的爹娘，不正好是九只吗？"

　　王安石这才知道苏轼又在调侃自己，因此对苏轼的印象很不好，觉得他为人轻浮、狂妄自大，不可以担当大任。不久之后，苏轼被贬为湖州刺史。

三年后任期结束，苏轼回京拜访王安石。书童把苏轼引到书房等候的时候，苏轼见到书桌上放着一方素笺，原来是一首只写了两句的诗，主题是咏菊。苏轼把这两句念了一遍，不由叫道："这两句诗不通啊。"

诗是这样写的："西风昨夜过园林，吹落黄花满地金。"为什么苏轼觉得这句诗不通呢？原来他认为，西风应该是在秋天才吹起，而菊花在深秋盛开，开得也是最久，即使焦干枯烂，也不会落瓣。

这样一想，苏东坡就按捺不住了，于是他就依着前两句的韵律添了两句："秋花不比春花落，说与诗人仔细吟。"

王安石回来一看，知道苏轼来过，心想："这个年轻人是真有才华，可是到下面历练了这么久，还是这样轻浮傲慢，没有稳重的样子，用他只怕要误事，他还需要历练。"第二天，诏书发下来，苏轼再次被贬为黄州团练副使。

同样是幽默批驳，东方朔的做法却得到了汉武帝的认可。

汉武帝好大喜功，问东方朔："先生看我是什么样的君主啊？"

东方朔明白汉武帝的心思，便回答说："自唐虞之后，到周朝的成康盛世，没有一位国君可以和您相比。以臣看，皇上的品德在五帝之上，功勋在三皇之前。正因为如此，天下仁人志士和贤达之人都来投奔和辅佐您。比如周公、召公为丞相，孔丘为御史大夫，姜太公为将军……"

东方朔一口气将古代三十二个治世能臣都说成了汉武帝的大臣。汉武帝听到这里大笑不止。

但凡有点智商的人，也能听出东方朔的幽默话语里带有揶揄的味道，但是他偏偏能够说出这些话来，使汉武帝开心。

汉武帝笑过之后，难免就要思考一下自己与古代圣王之间的差距，仔细比较之后，他感到自己确实不如古之圣王。

汉武帝晚年很希望自己长生不老。有一天，他和东方朔谈起了这个话题。他说："相书上说，一个人鼻子下面的'人中'越长，寿命就越长，'人中'长一寸，能活一百岁，不知道是真是假？"

东方朔一听汉武帝的话，就知道这个皇帝又在做长生不老的白日梦，脸上顿时露出一丝讥讽的笑意。汉武帝见后，很不高兴，喝道："东方朔，你是要笑话我吗？"

东方朔连忙收敛笑容，恭恭敬敬地说："陛下，我怎敢笑话您呢？我是在笑彭祖。"

汉武帝问："哦，你为什么要笑彭祖呢？"

东方朔笑着回答："据说彭祖活了八百岁，如果像皇上说的那样，一寸人中能活一百岁，彭祖的人中就该有八寸长了，那么他的脸岂不是太难看了？"

汉武帝听了，也哈哈大笑起来。

东方朔幽默的说话方式，与前面苏轼调侃王安石的说话方式有些类似，但是他们的结局不一样。同样是面对上级领导，苏轼的调笑之语为王安石所厌恶，而东方朔的调侃话语最终得到了汉武帝的认同。为什么会如此呢？

这是因为东方朔的智慧与苏轼不同：苏轼的智慧是文人雅士式的，骨子里透着清高和傲气，他的调笑当中有一种看不起的意味；而东方朔的幽默智慧是俗世浑人式的，骨子里透着亲和力，他的调侃总是给人带来欢乐，而不会让人觉得伤了尊严。

关于这两种幽默之间的区别，你是否能够领悟呢？而在我们的生活中，有许多人不能区分这两种幽默，结果许多人的幽默变成书呆子式的，完全不接地气，不能愉悦人心。

最后要说的是，千万不要以为东方朔这种俗世浑人式的幽默智慧是市井俚语，没有什么学问。

事实上，东方朔本人学识渊博，要不然他也无法说出那么多古代治世能臣的名号。因此，东方朔真正的智慧在于知道在什么时候、什么场合，说什么样的话效果最好。

正因为把握好了这样一个原则，东方朔能用笑彭祖的办法来讽刺汉武帝的荒唐，批驳得机智含蓄、风趣诙谐，而令正在发怒的皇上也不禁哈哈大笑起来，愉快地接受了这种批驳。这种说话的智慧非常高明。

尤其是在别人犯错的时候，不要调侃别人，调侃别人的错误无异于揭人之短。当然，如果你掌握了东方朔式的说话智慧，那又另当别论。简单地说，若是你想调侃别人，让别人接受你，那么你就要让你的幽默言语充满亲和力，而不能一味地讽刺，把他人当傻瓜来戏耍。

有些场合，有些玩笑开不得

任何幽默，都要符合当时的情况，也要符合说话的人的身份、地位。否则有些话虽然看起来充满幽默，但是实际上却丝毫不能引人发笑，甚至是事与愿违。

今天，是李军和宋晶晶一起为孩子办满月酒的日子。刚刚在4个月前喝过他们结婚喜酒的亲朋好友们，又都心照不宣地带着礼物来给孩子庆满月了。宴会上，大家都很高兴，彼此说说笑笑。毕竟，这些结婚生子的喜事，总能够给平日里没时间相聚的朋友们提供聚会的机会，真的是很让人愉快的事情。尤其是这次还能看到刚刚出生不久的小生命，就更让那些单身的年轻人兴奋了。

当宴会进行到一半时，刘栋才急急忙忙地赶了过来。看到其他人都已经送上了礼物，刘栋拿出一支美国派克金笔，郑重其事地放在孩子身边。李军笑着说："大哥，您这送得也有点儿太早了吧。"此时此刻，大家都正在注视着他们，刘栋笑嘻嘻地说："不早啊，你家娃娃可是个急性子。你看别的小宝宝都在妈妈肚子里赖上 10 个月，你家才 4 个月就急急忙忙地出来啦！"听到刘栋的话，现场突然有些沉默，宋晶晶更是满脸通红，不知道该说什么好。幸好，这时候有个朋友喊李军和宋晶晶过去敬酒，这个尴尬才被掩饰过去，但是李军和宋晶晶这一整天都对刘栋心有余悸。

　　原来，李军和宋晶晶结婚的时候已经怀孕 5 个多月了，所以宝贝才会在结婚 4 个月之后就降生。尽管现代社会很多年轻人都是奉子成婚，但是像刘栋这样当着这么多亲戚朋友的面开这种过分的玩笑，还是让人非常难堪的。

　　在这个事例中，很多事情大家都是心照不宣的，即使调侃当事人，也应该选在私下场合，这样哪怕说得过分一些也不会让他们觉得丢脸。但是刘栋的玩笑显然过度了，而且场合很不合适。尽管现代社会大家很多观念都非常开放，但是在隆重而又公开的场合依然要讲究说话的原则。对于很多年轻人而言，最重要的时刻就是结婚和孩子满月，因而不管刘栋与李军私下的交情多么好，他都不应该进行这种过分的调侃。

　　在社交场合，我们一定要注意自己的言谈举止。尽管朋友之间是非常亲近的关系，甚至很多铁杆级哥们或者骨灰级闺密之间无话不谈，但是朋友之间开玩笑依然要讲究尺度。在很多时候，因为情况不同，所以有的玩笑不能开。比如私下里能与朋友开玩笑说的话，在公开场合就不可以说；平时能与朋友开玩笑说的话，朋友的伴侣在场时，就要斟酌一番再说；或者在朋友的好心情下可以开玩笑，在其悲伤时就不能随意开玩笑。总而言之，人际交往的情况随时随地都在变化，我们必须根据情况及时调整交往的策略，否则就会伤害友情，最终让人际交往受到阻碍。而且，我们需要牢记的是，人在很多情况下都是很爱面子的，因此与朋友开玩笑也要掌握这个原则，即不管什么情况下，都不要随意伤害他人的面子。越是在亲近的人之间，人们越是爱面子，因而我们一定要像爱护自己的眼睛一样爱惜朋友的面子，这才是好朋友永恒的相处之道。

　　尤其是开玩笑的时候，能够让大家皆大欢喜的玩笑，才能真正起到使人际关系融洽的效果。如果我们的玩笑建立在他人的痛苦之上，或者使他人陷入难堪和尴尬的境地，则会导致相反的效果，甚至使人际关系恶化。如此一来，玩笑就得不偿失了。因而，我们必须在保证顾全朋友面子的前提下开玩笑，这是必须坚持的原则。也许有些人会说："我不知道哪些玩笑会让朋友觉得没面子，如果我觉得无所谓，但是朋友却很在意呢？"这只能说明你对朋友还不够了解，或者说你对朋友的熟悉程度还未达到让你可以与他随心所欲开玩笑的程度，因此，你更应该谨慎与之开玩笑，或者至少在拿不准的情况下谨言慎行，不要开玩笑。

　　制造幽默的时候，我们必须以对方为主体，多从对方的角度出发考虑问题，包括对方的年龄、性别、信仰、教育背景、文化素养，等等。人与人的交往只有建立在平等的基础上，才能真正做到公平、公正，也才能做到彼此尊重、相互爱护。

　　生活中的幽默无处不在，生活也因为幽默而增添了很多乐趣。我们一定要注意的是，不分时机和分寸的幽默是惹人生厌的，只有恰到好处的幽默才能产生预期的效果。

第五章

人际交往从来不是独角戏

选好话题能让交流迅速升温

　　很多人都想找到沟通的突破口，却总是不得法，实际上，一切事情都只有从根源着手，才能最大限度地解决问题。沟通，也是如此。我们只有从心理上说服他人，才能让他人更加愉悦地与我们交流，而且敞开心扉，毫无隔阂。可以说，心理学上的突破口，是人们彼此之间敞开心扉沟通的大门。尤其是在现代社会，人们几乎每天都要与他人交流，而交流的主要方式就是语言的沟通。当你顺畅自如地与他人谈话，彼此之间毫无隔阂，你的人缘也必定越来越好，良好的人际关系不但能够帮助你的生活更加便利，也会让你的事业如鱼得水。

　　需要注意的是，良好的沟通应该从浓厚的兴趣开始。要想吸引他人对你的话题感兴趣，自然，你的话题必须能够引起他人的兴趣。倘若你刚刚提出一个话题，就被对方毫不犹豫地否决，则你必然很尴尬。如果思维敏捷，还可以马上转移话题，进行新的尝试，但是如果思维迟钝，则只能尴尬相对，甚至是无言以对。由此可见，选择话题是非常重要的，这就像一个写文章的人必须写出一个最精彩的开头才能吸引读者继续看下去。

作为意大利著名的科学家，伽利略曾经在年轻时被父亲强迫学医。在他刚刚 17 岁时，父亲就不由分说地把他送到比萨大学的医学院学习。然而，伽利略对医学并不感兴趣，而对物理学情有独钟。他在听到静力学和力学之后，突然就爱上了与此相关的科学。然而，他也知道父亲是非常执拗的，如果直截了当地提出不愿意学习医学的想法，一定会遭到父亲的拒绝。为此，他思来想去，终于找到了一个成功率比较高的说服方法。

在假日的一天，伽利略走进书房问父亲："父亲，你与母亲是怎么认识的？"父亲抬起头，把视线转向儿子，说："我爱她。"伽利略又问："那么，在母亲之后，你还曾经爱过别的女人吗？"父亲连连摇头，说："怎么可能呢？我对你母亲一见钟情，看到她的那一刻，我就决心要娶她为妻。"伽利略以羡慕的口吻说："难怪你与母亲一生都恩恩爱爱，从未争吵过，婚姻也幸福和谐。"父亲笑着说："你这孩子，观察还挺细致。"伽利略随即话锋一转，说："现在，我也和你当年一样一见钟情了。"父亲听了之后惊喜地问道："一见钟情？难道你有心仪的姑娘了吗？快说给我听听！"伽利略为难地说："我对科学的喜爱，就像你当初对母亲一见倾心一样，再也不会爱上其他的女人。父亲，我虽然年纪轻轻，但是我并不沉迷于爱情，我也不会三心二意，经常改变心意；相反，我只想与科学终生为伴，在科学的道路上勇攀高峰。"听了伽利略的话，父亲的脸色沉下来，伽利略继续说："父亲，您很有才华，家庭生活也美满幸福。我呢，继承了您的优点，想在学术的道路上有所建树。我想，我不会增加您的负担，我愿意去申请宫廷的奖学金。如果有一天，您能骄傲地告诉别人您是科学家伽利略的父亲，我想您一定会备感光荣……"父亲点点头，说："你说得有道理，我愿意去帮你申请宫廷奖学金，帮助你实现梦想。"伽利略激动地向父亲保证："父亲，我一定会成为一个让您骄傲的科学家。"

在这个事例中，原本父亲只想让伽利略学医，但是伽利略首先从父亲一生引以为傲的爱情说起，让父亲饶有兴致地听他说下去。接下来，他才从父亲对母亲的一见钟情过渡到自己对科学的沉迷，从而成功使父亲改变心意，支持他学习科学，在科学领域继续深造。由此可见，再固执己见的人，也会有自己感兴趣的话题。在说服他们时，倘若我们能从他们最感兴趣的话题说起，再逐渐过渡到我们真正想说的话题，则说服成功的概率就会大大提高。

当然，选好话题不仅要从对方得意的事情、感兴趣的事情说起，也可以从对方关心的事情说起。总而言之，我们的目的是要吸引对方的注意力，从而成功帮助我们更好地讲述自己想说的话。只要能够让交谈和谐愉悦，让对方满怀兴致地听你诉说的，就都是好话题、最佳话题。这一点，我们必须用心琢磨，才能渐渐有更准确的把握。

迎合心理需求，激发对方的沟通欲

与人沟通时，迎合对方的心理需要，说一些对方想听的话，更能激发对方的沟通欲望。对方甚至会把你奉为知己，觉得你太了解他了，自然愿意和你多聊几句。迎合对方的心理需要，对方才愿意听你说话，才相信你说的话，你们之间的沟通才会有效。

不知道你是否有过这样的体验：你正在思考一件事，而对方却在滔滔不绝地讲述另一件毫不相关的事，你想立即结束交谈。比如，你刚刚结束了一天的工作，想躺在床上好好地休息一下，此时朋友却登门拜访，向你讲述他遇到的那些鸡毛蒜皮的事。相信你肯定会兴致索然、不耐烦地应付这个"不速之客"。

而如果你的朋友换一种表达方式，先问你："工作了一天，一定特别累吧？是不是很想睡一觉？"你也许会把他奉为知己，觉得他太了解你了，自然愿意和他多聊几句，也就顾不得自己累不累了。这就是迎合对方的心理需要所显现的效果。

可见，与人沟通时，迎合对方的心理需要，说一些对方想听的话，更能激发对方的沟通欲望。因此，我们在开口前，应该先搞清楚对方的兴趣点，弄明白对方有哪些心理需要，然后再投其所好，迎合对方的心理需要。

赵磊的电脑坏了，于是他打电话给电脑维修公司。

接通电话后，赵磊问技术员："您好，我的电脑无法上网，应该是某个地方坏了，我想咨询一下是怎么回事。"

技术员没好气地说："你必须把电脑带来呀，不检查一下我怎么知道你的电脑哪里坏了。"

赵磊对技术员的话很反感，但是为了修好电脑，他只好接着说："我不小心拽了一下电脑的接口处，应该是把网线或其他线拽松了，所以上不了网。不知该怎么办？"

技术员不耐烦地说："那也要先检查一下才知道呀，我又不是神仙，没有未卜先知的能力，不检查怎么知道？"

赵磊再也无法忍受这名技术员的态度，于是挂断了电话，又拨通了另一家电脑维修公司的电话。

接通电话后，技术员问："您好，请问有什么可以帮助您的？"

赵磊说："您好，我的电脑无法上网，想咨询一下是什么原因。"

技术员问："没问题，先生！很高兴为您服务。请问您的电脑最近有什么异常吗？"

赵磊说："是这样的，我不小心拽了一下电脑的接口处，应该是把网线或其他线拽松了，所以上不了网。我买了一个USB网口转换器，使用了一段时间，可是今天又不能上网了。准确地说，现在可以上网，但是网速非常慢，十几分钟才能打开一个网页。"

技术员说："原来是这样！您使用的是USB网口转换器，网速慢是可以理解的。这样吧，您换一个电脑原装网口，相信上网就没什么问题了。"

赵磊连忙问："那如果换一个电脑原装网口，需要花多少钱呢？"

技术员说："花不了多少钱，别的地方我不太清楚，在我们店几十块钱就能搞定！"

赵磊高兴地说："既然这样，那我明天就带着电脑去你们店修可以吗？"

技术员说："当然可以。请问先生您贵姓？"

赵磊回答说："免贵姓赵。"

技术员说："好的，赵先生！请您给我留一个电话号码，稍后我会把我们公司的详细地址和联系电话以短信的方式发送到您的手机上。同时我这里还会做一个备案，以便做好您的接待工作，节约您的宝贵时间。"

赵磊毫不犹豫地说："好，我的电话是……"

赵磊在两家电脑公司咨询的问题是一样的，得到的结果其实也大同小异，最终都是要求赵磊带着电脑到店里维修。不过，第二家电脑维修公司更能迎合赵磊的心理需要，告诉他电脑应该怎么修，以及维修需要花费多少钱。赵磊最关心的是电脑维修公司打算怎么修，需要收取多少维修费。第一家电脑维修公司没有迎合赵磊的心理需要，表现出不耐烦的情绪，最终错过了这笔生意；第二家电脑维修公司迎合了赵磊的心理需要，耐心地解答了赵磊最关心的问题，最终说服赵磊留下联系电话，带着电脑到店里维修。

要想顺利地说服对方，就要让对方从你的话语中感受到你的真情，这就要求你在说话时一定要迎合对方的心理需要，说一些对方喜欢听的话。因此，开始和对方接触时，你就要试图洞悉对方有什么样的心理需要。

但是，每个人都有自我保护意识，都不希望自己的心理需要被他人窥探出来，因此你很难真正了解对方的心理需要。此时，最好的解决办法并非没头没脑地迎合对方，而是先说几句体贴的话，让对方感受到你对他的关心。比如，对方看上去很劳累时，你可以不失时机地说："你没有休息好吗？一定要注意休息啊！只有休息好了，身体才能保持健康。别忘了，身体可是革命的本钱呀！"

洞悉对方的心理需要后，你还要知道如何迎合对方的心理需要，知道该说什么、该怎么说。假如你像案例中的第一家电脑维修公司的接线员那样，简单地以为对方的需要就是修电脑，然后建议对方把电脑带到公司检修，那么你将无法赢得对方的信任。

　　总而言之，要想赢得对方的信任，就要迎合对方的心理需要，态度谦虚一些，说一些对方喜欢听的话。只有这样，对方才愿意听你说话，才相信你说的话，你们之间的沟通才会有效。

主动出击，拉近与陌生人的距离

　　和陌生人初次见面时，彼此陷入沉默之中，无疑是最使人难堪和尴尬的事情。的确，相对无言对于亲密无间的情侣而言可能是彼此默契的表现，但是对于彼此陌生的人，则只剩下无言以对的可怕沉默。在这种情况下，如何打破尴尬，就成为交谈者的当务之急。倘若能与陌生人初次见面就谈笑风生，则相处的感觉一定会变得更加美妙。

　　很多人面对陌生人时，都希望陌生人能够主动一些，打破尴尬。殊不知陌生人和我们的心态一样，也希望我们能够主动，成功融化沉默的坚冰，让彼此之间变得更加熟悉和亲近起来，让语言也成为沟通的精灵，在彼此之间不停地飞舞。无疑，令人窒息的沉默，是每个人都不愿意面对的。

　　很多人常常觉得自己不被他人欢迎和喜爱，这恰恰反映出他对他人的抵触和他们之间存在隔阂。如果我们首先从自己这一方打开心扉，那么我们就会惊讶地发现，他人对待我们的态度也瞬间发生了改变。

天知道亨利为什么认识这么多人！从乞讨卖艺、修马桶的，到银行里的工作人员，甚至市政府官员，他都能扯上或多或少的关系。最重要的是，亨利与他们还很熟悉，就像是每天都能见面的邻居一样，从不觉得眼生。每当亨利有求于他们的时候，这些朋友也都会给亨利一个小小的面子，多多少少总能帮上忙。

这一次，亨利上司家的孩子着急出国，但是签证却没办好。为此，上司火急火燎。原来，上司的孩子是出国读书，如果耽误了，就要缺很多课程。为此，亨利打了个电话给政府的朋友，政府的朋友又托人找了大使馆的人，原本需要等 7 天的，居然当天晚上就搞定了。上司不由得对亨利刮目相看，说："亨利，你简直是万能的。"后来，大家知道这件事，都称呼亨利为"万能的亨利"。与亨利坐同一张办公桌对面的约翰，却与亨利形成鲜明对比。约翰不但没有朋友，而且和同事们的关系也很冷漠，总是喜欢独来独往。有一次，约翰问亨利："亨利，你为什么这么受欢迎，还有这么多的朋友？"亨利笑着说："因为我很喜欢与人套近乎，只要他人能回答一句话，我就有把握与他成为朋友。"听到亨利的话，约翰惊讶不已，说："如果我也与人搭讪，也能像你这样吗？"亨利毫不犹豫地点点头，说："你试试吧。"在亨利的鼓励下，约翰先从办公室里的同事做起，果然与大家的关系越来越熟悉。看到逐渐变得乐观开朗的约翰，亨利高兴极了，因为约翰也是他的好朋友。

不管什么时候，对于一个友善的主动搭讪的人，只要对方不惹人讨厌，我们就应该给予回应。正是出于这种心理，所以主动示好的人总是能够得到更多的关注，也因此收获了满满的友谊。记住，人与人之间都是彼此的镜子，我们以怎样的态度对待他人，他人就以怎样的态度对待我们。既然如此，我们何不放开心胸，更好地面对和接纳他人呢？

其实，很多人在面对陌生人，或者突然进入新的环境、面对陌生的集体时，都会做出类似的反应。他们在陌生人面前因为紧张，导致说起话来也颠三倒四，总是不知所云。对于这样的情况，实际上并非因为陌生人是大老虎，让人感到害怕，而仅仅是因为我们内心没有端正态度，因而面对陌生人时过于紧张。要知道，我们生命中的每一个人，除了我们的父母和亲人与我们有血缘关系之外，对于大多数人，我们与他们都是从陌生到熟悉的。所以我们完全没有必要对陌生人如临大敌，当我们轻松面对陌生人时，你会发现陌生人并没有想象中那么可怕，甚至还非常可爱，还有可能与我们成为好朋友呢。

在和陌生人搭讪时，我们可以采取各种寒暄的方式，从天气、娱乐新闻或者只是一件不相干的事情谈起，与陌生人搭上话茬。此外，如果对陌生人实在是心中没底，也可以采取试探的方法，以适当的话题与陌生人搭讪，从而观察陌生人的态度，再制订下一步的交往策略。当然，如果你是个直性子，不喜欢迂回曲折、避直就曲，那么你也可以开门见山地向陌生人做自我介绍，从而与陌生人相对正式地相识。总而言之，只要我们足够真诚友善，把话说到陌生人的心里去，那么，我们就能成功打动陌生人，与陌生人的交往也会水到渠成。

换位思考，把话说到他的心坎里

很多人说话让人觉得乏味，归根结底，是因为他们一味以自我为中心，根本不考虑他人的感受。或者在遇到分歧时，他们更是据理力争，只会站在自己的角度考虑问题，与他人争得面红耳赤，最终争赢了他人，却失去了友谊，渐渐失去了好人缘。面对这种情况，要想改变，最重要的方法就是学会换位思考，从而才能成功地把话说到他人心里去。

所谓换位思考，就是把自己放在他人的立场上考虑问题，从而避免过于主观地强迫他人接受我们的意见和态度，更容易体察他人的想法和主张。通俗地说，就是把自己放在他人的位置上，从而从他人的角度出发考虑问题，做到真心诚意为他人着想，并且能够更多地理解和体贴他人。当我们把角色互换用于说服他人时，则我们能够更好地体察对方的心思，并且对他人感同身受，从而水到渠成地说服他人。

在生活中的很多情况下，尽管我们尽心竭力地说服他人，对其晓之以理，动之以情，但是对方就是不为所动。这种情况的出现，往往是因为我们没有从他人角度考虑问题，而总是一味从自己的观点出发。因而，我们的长篇大论非但无法打动对方，甚至还有可能招致对方反感。为什么有些人总是能够轻而易举地就说服他人呢？这是因为他们能够站在他人的角度考虑问题，而且在表达自己的意见时也更多地考虑了他人的感受，因为他们说出的话更容易让他人接受。

一个年轻人服兵役期间参加了残酷的战争，谢天谢地，他活了下来，没有被战争夺去生命。在旧金山，他给远在乡下的父母打电话说："爸爸妈妈，我回来了，正准备回家，但是我有个不情之请：我的一位朋友，他在战场上不幸踩到了地雷，身受重伤。如今的他已经变成重度残疾，失去了双腿，还失去了一只眼睛。他没有家人，也没有亲戚朋友，因而，我想把他一起带回家，和我们共同生活。"

父母对于孩子即将回家的消息都很高兴，但是对于孩子口中的战友，父亲犹豫不决地说："孩子，你的战友的确很可怜，但是我想，我们可以帮他找到其他住处，而不必和我们全家人拥挤地一起生活。"

年轻人执拗地说："但是，我想带他回家，我想让他与我们全家一起生活。"

母亲接过电话，着急地拒绝："儿子，事情绝不像你想象的那么简单。一个重度残疾的人，必然面临很多生活的不便和困难。你千万不要一时冲动，这是一个沉重的包袱。"

儿子失望地挂断电话，他的父母继续在家中等待他的归来。然而，几天之后，旧金山的警察局打电话给年轻人的父母，让他们去认领尸体。父母如同遭遇晴天霹雳，赶紧搭乘飞机飞往旧金山。在看到儿子的尸体时，他们悲恸欲绝地发现，他们的儿子失去了双腿，且只有一只眼睛。警察告诉他们，他们的儿子是以跳楼的方式自杀而亡的。

在这个事例中，如果父母能够换位思考一下，考虑到在残酷的战争中重度残疾的年轻人是多么悲观绝望，而又无处可去，就不会那么直截了当地拒绝儿子的请求，也就不会让残缺不全的儿子失去活着的希望。很多时候，我们换位思考，帮助的不只是他人，还有我们自己。哪个人不会遇到一些困顿的局面呢？只有在他人需要的时候伸出援手，才能在自己遭遇困顿时也更加勇敢面对。

尽管人们都说要尽量做到客观公正，但直观性却是不可能完全消除的。唯有换位思考，才能让我们在遇到分歧和争执时，尽量保持冷静和理智，真正做到把话说到他人心里去。如此一来，人际关系也得到极大改善。在日常生活中，你可曾遇到过这样的情况：你独自滔滔不绝地说着，但是对方却对你的话充耳不闻，或者左耳朵进，右耳朵出，根本满不在乎你在说什么。尽管对方也会时而点头，时而"嗯嗯"，但是你的话实际上都变成了空气，仿佛从未存在过。

在这种情况下，聪明人一定不会继续自顾自地说下去，而是会马上调整交谈的思路，改变交谈的方式，甚至更换交谈的话题，从而努力做到把话说到对方的心里去。这也就要求我们，不能一味只顾着说我们想说的，而应该尽量说些对方想听的。尤其是当对方与我们的意见和观点不一致时，一味否定和灌输不可能达到很好的效果，只有从内心深处打动对方，我们才能让对方听进去我们的话，从而做出改变。总而言之，与他人交谈时，我们唯有换位思考，才能更好地表达自己的思想和感受，从而把话说到他人心里去，也就不至于让他人感到绝望和无助。

把"你很重要"挂在嘴边

　　在与人相处时，每个人都希望得到他人的关注和重视，这是人们的自尊心在起作用。然而，偏偏有些人很容易忽略他人的感受，更多地关注自身。因而，这样的人很难交到很多的朋友，只能与身边亲近的人来往。现代社会，人际关系上升到更高的高度，而且我们作为职场人士，或者出于生活需要，也经常需要与形形色色的人打交道。这就要求我们必须拥有更强的人际交往能力，建立强大的人际关系网，从而与他人更好地相处、交往。

　　生活中，人们常常把自己看得很重要。例如，如果一个女孩穿着洁白的裙子，却不小心在公交车上被踩了一个黑脚印，那么她一定觉得很尴尬。实际情况如何呢？除了她自己对那个脚印念念不忘，根本没有人注意到那个脚印。这种现象很常见，都是自己把自己看得过重，实际上却并没有得到他人的关注。遭遇这种经历的人，既因为自己的尴尬没有被人留意而感到小小的庆幸，也因为他人对自己的漠不关心感到大大的失望。这种复杂的情绪相互渗透，让人心中百感交集。那么，对于我们比较在乎和亲近的人，我们则不能如此无视，否则一定会让对方感到伤心。当我们想要吸引一个人的注意力，当我们想要打开一个人的心扉，当我们想要收获一个人的真心，我们就一定要告诉对方：你很重要。

"你很重要"，尽管只有区区四个字，但却具有神奇的魔力，能够瞬间让人感到受重视的满足，也因此不由自主地觉得对他说这四个字的人同样重要。人与人的付出，一定不是单方面的，而是双向的。你付出什么，就会收获什么，因而从你真心诚意地告诉他人"你很重要"，对方也同样会觉得"你很重要""你是我很在乎的人"。如此一来，彼此的交往一定更加深入。

琳琳是一个自我意识很强的人，而且自我感觉超好，总觉得自己是最棒的、最优秀的，也是深受每个人喜爱的。然而，这次相亲，琳琳却备受打击。原来，这次相亲是爸爸的同事安排的，男方就是爸爸同事的儿子。对方条件很优秀，哈佛大学毕业，现在在金融业工作，是青年才俊。由于在相亲之前就了解了男方的基本情况，也看过男方的照片，因而琳琳对男方很满意。不承想，她真正见到的却是一个无比傲慢的人。

在整场约会中，男方张口闭口都是"我"怎么样怎么样，从未想要了解琳琳的基本情况。对于这个骄傲自负的男方，琳琳暗暗想："即便你再怎么优秀，我也不会喜欢你。"让琳琳大跌眼镜的是，在约会结束时，男方居然毫不掩饰地对琳琳说：

"实际上，我是被爸爸逼着来相亲的。咱们并不般配，因为条件相差悬殊。"这句话让琳琳恨不得端起桌上的饮料泼到男方的脸上，但是碍于爸爸的面子，她忍住了。这次相亲让琳琳元气大伤，一下子就觉得自己不那么优秀，甚至卑微起来。后来，大姨又给她安排了一次相亲。这次的男孩虽然条件不是那么优秀，但是非常绅士，不管是叫饮料，还是叫甜点，他都会第一时间考虑到琳琳的喜好，让琳琳感到呵护备至。约会结束后，男孩贴心地送琳琳回家。他们走在凉风习习的马路边，男孩让琳琳走在自己的右手边，走在靠近马路牙子的那一侧。琳琳问："为什么？"男孩笑着说："因为你很重要。"这句话，让琳琳深受感动，心里暗暗地说："就是这个人了。"果然，琳琳与男孩交往神速，半年之后就已经开始谈婚论嫁了。

一句"你很重要"，让男孩在体贴之余，更加深刻地打动了琳琳的心。每一个女孩都希望成为梦想中的公主，被白马王子呵护备至。琳琳找到了那个视她非常重要的男孩，因而一改挑三拣四的常态，很高兴地接受了男孩的追求。

"你很重要"，简简单单一句话，不但能够告诉他人他很重要，也能帮助我们变成他人心目中很重要的人。毫无疑问，每个人都希望自己备受瞩目，当你慷慨地给予他人这份关注，他人也会同样地回报于你。

了解对方兴趣，找准交往切入点

从他人的兴趣入手，是与他人拉近关系、变得亲近的最好方式。在平日的生活里，几乎每个人都有自己的兴趣爱好，也有自己的特长和优势。很多人都以工作或者学习为重，但是他们依然需要在繁重的学习和工作之余，有属于自己的兴趣爱好。很多时候，兴趣爱好是人最为有效的一种放松活动，也是陪伴漫长人生的良师益友。记得在一部电视剧中，有个高官的爱好就是在工作之余做木工活儿。有的时候他觉得压力太大，就会进入自己的"工作间"，做一些精致的木质工具或者工艺品，在锯子的声音和飞扬的木屑中，回归内心的平静。

当然，每个人的兴趣爱好都是不一样的。在与人交往时，如果我们想从他人的兴趣爱好入手，与他人拉近关系，那么毋庸置疑，我们首先要做的就是了解他人的兴趣爱好。这样，我们才能有的放矢，事半功倍。在这个过程中，有些朋友会陷入一个误区，即认为自己只要了解对方的兴趣爱好，就能与对方有共同语言。的确，粗浅的共同语言很容易获得，但是如果我们想与对方深入交流，尤其是要和对方一样感受到兴趣给自己带来的乐趣，那么只了解对方的兴趣爱好是不够的，而是要真正去做对方感兴趣的事情，从而真正体验到对方从兴趣爱好中获得的乐趣。这样一来，可想而知对方在与你交谈时一定会一见如故，相见恨晚，甚至会觉得你就是他遍寻不得的志同道合的朋友。这样的社交境界，并非轻而易举就能获得，这是至高无上的境界。

希尔顿酒店在全世界都大名鼎鼎，因而很多有身份地位和经济实力的客人，都会选择入住希尔顿酒店。有一天，一位美国女性行色匆匆地入住希尔顿酒店，看起来这位女性顾客衣着考究，言谈举止都带着掩饰不住的高雅气度，因而让人印象深刻。细心的酒店经理还发现，这位女性顾客的鞋子、帽子和皮箱，都是鲜艳纯正的中国红，这使她显得更加与众不同。入住之后，这位女性顾客很快就离开酒店，去参加提前约好的正式会谈了。

这时，酒店经理抓紧时间，让服务人员一起把这位女性顾客房间的地毯、窗帘和床品等，都换成了中国红。后来，女性顾客回来之后，发现房间完全变了样子，觉得很惊喜。她赶紧询问酒店经理，酒店经理笑着说："尊敬的女士，我发现您的鞋子、帽子和箱子都是这样独特的中国红，所以想到您喜欢红色，正好我们酒店有配套的用具，所以就给您换了。希望您能喜欢，也希望您满意。"这位女性顾客恍然大悟，不由得为酒店经理的体贴入微非常感动，因而当即开出一张巨额支票给酒店经理和服务人员作为小费。

作为初次见面的人，酒店经理就能如此细致入微地观察到顾客的喜好，由此可见，一个人了解他人的兴趣爱好，并且对他人做到投其所好，将会起到多么出人意料的作用。不得不说，酒店经理的营销和服务是非常成功的，他不但得到了女性顾客的巨额小费，而且也为酒店争取到一个更加忠诚的顾客，可谓一举两得。

当然，我们之所以了解他人的兴趣爱好所在，并非为了拍马溜须、曲意逢迎，而是因为人的本性就是趋利避害，大多数人都想听到悦耳的话，经历顺心的事，而不希望自己处处被挤对和违背。所以，我们要避免恶意地对他人投其所好，而要真诚地与他人交往，从而才能使我们与他人的人际关系发展得越来越好。需要注意的是，我们感受他人的兴趣爱好，与他人同乐的前提是不要勉强自己。毕竟，刻意伪装出来的兴趣爱好并不长久，我们如果勉强假装和别人有着相同的兴趣爱好，也很难打动对方的心，博得对方的好感。

具体而言，我们要懂得尊重他人的兴趣爱好，哪怕他人的兴趣爱好是我们所厌恶的，我们也要意识到他人有自己的爱好某些事物的权利，而无须取悦任何人。所以对于他人的兴趣爱好，我们可以表示不赞赏，但是却不要恶意攻击，或者肆无忌惮地否定。其次，在他人诉说兴趣爱好的时候，我们一定要认真专注地倾听。要知道，当我们的倾听打动对方时，对方也会对我们产生好感。此外，在他人的兴趣爱好领域，他本人无疑是最有发言权的。哪怕他不小心说错了什么，或者表现出自己局限的一面，我们也不要不合时宜地好为人师，更不要不顾他人颜面地指出错误。我们必须记住，我们不是鱼儿，我们无法真正感受到鱼儿的乐趣和感受，所以只有尽可能地正确和鱼儿和谐相处，而不要企图改变鱼儿。在和他人交往时，不管是与他人一起交谈他人的兴趣所在，还是真正体验他人的兴趣爱好，都是能够拉近我们与他人关系的好方式，都能对我们与他人的人际交往起到事半功倍的作用。

没事常联络，别让感情淡了

一天，张宁感觉无聊，于是翻起了大学时的毕业照，当看到毕业照里的一张张熟悉的面孔时，张宁想起了当时关系特好的朋友肖潇。于是，张宁拨通了肖潇的电话。没想到，一阵寒暄过后，肖潇竟笑着说："宁宁啊，你是不是遇到什么需要帮忙的事情了？没关系，有啥事你就直说，咱俩这关系不用客气，能帮上的我绝不推辞！

肖潇的"热情"让张宁一时不知道说什么才好。放下电话，她开始自我反省：一定是自己平时不知道联络对方，每次都因为忙而推掉见面的机会，因此肖潇才会误会自己。于是从那以后，张宁不忘时不时地给朋友们一个小小的惊喜，不论是节假日还是平时，经常主动跟朋友走动。这样，张宁再也没有遇到过上次的尴尬了，人缘也变得越来越好。

很多人都有过这样的经历：当自己遇到了困难，认为某人可以帮自己解决时，本想马上去找他，但后来一想，过去有很多时候本来应该去看人家的，结果都没有去，现在有求于人了就去找人家，是不是太唐突了？甚至因为太唐突了而担心遭到人家的拒绝？可是回想一下，这一切又是谁造成的呢？如果自己平日里多与人联系，懂得维系彼此的情谊，自己又怎么会有这样的忧愁呢？不管你们的关系有多深或是有多浅，请一定记得时常联系一下，常联系，即便是浅浅的感情也会逐步深厚；不联系，再深的情谊也会有不知如何开口交谈的那一天。

李龙大学毕业后，一直在一家公司做业务员。他为人谦和、开朗，生活中也因此博得很多人的青睐，他唯一的不好就是很少与这些朋友联系，更别说在适当的时候给别人送些礼物了。

最近一段时间，李龙的工作遇到了一些麻烦，因为个人失误与客户闹了一点儿不愉快，不论怎么理论，客户都置之不理，李龙想私了，不想闹得公司人尽皆知，但是私了又要赔偿一大笔钱，李龙可以说是焦头烂额。

忽然，李龙想到了一个大学时期的同学阿禹，阿禹现在开了一家律师事务所，如果找阿禹帮忙跟客户谈谈，想必成功的胜算会大一点儿，问题解决得也快一点儿。读书时李龙和阿禹处得非常不错，只是现在很久没联系了。“阿禹应该会帮忙吧。算了，只能这样办了。”李龙想到这里，开心地笑了，总算有办法解决这件事儿了。

李龙赶紧拨通了对方的号码，铃声响了很久都没人接。“估计阿禹现在很忙。”正在李龙暗自纳闷的时候，忽然，电话通了，里面传出了一个迟疑的声音：“你好，请问你是哪位？”

李龙赶紧说："哎呀，阿禹，是我啊，我是李龙，最近还好吗？"

对方停顿了一下，吞吞吐吐地说："哦，抱歉，请问你是？"

"天啊，你该不会不记得我了吧，是我，李龙，大学同学。"李龙有些生气地说道。

对方似乎终于想起来了，打着哈哈说："哦，李龙啊，好久不联系了，没听出来，对了，你找我做什么呢？"

李龙将自己的事告诉了阿禹，阿禹却说："真遗憾，我现在在外地出差，正在处理一个大案子，一时半会儿也回不去，实在是抽不开身！"这让李龙一阵失望，只好无奈地挂了电话。

很多人忽视"感情投资"，一旦交上某个朋友，就觉得对方好像不会离开自己了，就不再去深化发展双方之间的感情，发展到最后就会变成不相干的陌路人。"感情投资"应该是持续性的长期投资，中间不可间歇，要做到勤联系、多沟通，这样到用的时候自然会是心有灵犀，不用说太多就可以得到援助。

所以，不管有事没事，请别忘了你的朋友，多联络一下，感情才会更深厚一层。

第一，朋友需要时，能帮尽力去帮。

有句话说得好，锦上添花不如雪中送炭，雪中送炭的情谊更让人难以忘怀。如果对方有难处，你及时伸出援手，这时候你的这份情谊更能让人难以忘怀。这何尝不是一种维系感情的方式呢？当你有需要的时候，即便你不主动招呼，相信对方也会及时给你援助的。

第二，用电话和网络联系彼此。

如今科技发达，人们之间不必飞鸽传书，也不必盼星星盼月亮般与人相见，如果你想对方了，随时一个电话、一个视频就能做到。你可以说说你的近况，你也可以聊聊八卦，方便又真实。只要你们记得彼此常联系，相信你们之间一定不会变得陌生。

第三，寄点儿小礼物，略表情谊。

如果你遇到喜欢的东西，不妨给你的好友也带一份，不用多贵的东西，只要有你这份惦记对方的情谊就足够了。或者你可以在对方生日或特殊节日的时候给对方一个惊喜，这样你不仅温暖了对方的心，也温暖了彼此长久不见的情谊。

第四，有空就去朋友那里坐坐。

朋友间加强联系的方法有很多，最具有人情味也最招人喜欢的就是有空去坐坐。日常交往中人们道别，总要说一句"有空再来玩儿"，不管这是不是一句发自肺腑的语言，听后都让人感到温情脉脉，因为这是在向我们传递朋友是欢迎我们来的，我们是被朋友接受的人。

第六章

面对尴尬，你要怎么说

顺势而为，见招拆招

在歌手满江的新歌发布会上，汪涵大哥为了表示祝贺，特地手捧一把大麦送上台去，说道："祝你专辑能够大卖。"

好友见状故意设"梗"抬杠道："咦？你这把好像是水稻！"

汪涵顺势说道："那更好啊，水（稻）到渠成嘛！"

汪涵顺势而为，稳稳当当地接住了对方抛出来的"梗"。这就是说话的精妙之处。

我们在生活中也经常会遇到这种情况，当我们说话时对方突然抛出一个"玩笑梗"让我们不知所措，有些是朋友知己间的善意调侃，有些则是心怀鬼胎的人找茬或是暗地讽刺。无论是哪种情形，高明的办法就是接着对方的话茬往下讲，而低能的办法则是立马翻脸认输或是争辩较真。

某大学中文系在开学第一天开了个座谈会。新生们需要一个个做自我介绍。当轮到来自农村的牛力时，他刚说了句："我姓牛，来自乡下……"不知谁小声说了句："瞧，乡下小牛进城喝咖啡了！"许多人都笑了起来。

牛力先是一愣，但很快就镇定下来，说道："是的，我是来自乡下的小牛。不过，我进城是来'啃'知识的，以便回乡下耕耘。我'吃的是草，挤出来的是奶和血'。我愿永远做家乡的'孺子牛'！"

话音刚落，大家热烈地鼓起了掌。

牛力用自己的机敏，顺着那位同学过分的玩笑话，引用鲁迅的名言，不但摆脱了尴尬的场面，而且表明了自己做人的准则，为自己赢得了喝彩。

当有人给你设的"梗"带有一定的侮辱性质，而抛"梗"的人又不是恶意刁难你的时候，如果你能顺着对方的话，再借题发挥一番，反而把他的话变成你用来夸奖自己的话，可谓是一种最机智的选择。这样既能避免自己的难堪，又不至于把关系弄僵。

集市上，几个小商贩摆着麻袋和秤杆，等着收购农民拿来的山货。一位老农来到一个小商贩面前，诚恳地问："老弟，灵芝菌一斤多少？"老农的本意是问一斤灵芝菌能卖多少钱，小商贩见老农两手空空，以为他是问着玩玩的，就想开开他的玩笑，开心开心。于是小商贩答道："一斤是十两，你连这都不懂？"旁观者们哄笑起来，使得老农很尴尬。

不过老农略一定神之后，开始反问小商贩："你做多久生意了？"

小商贩随口答道："十年了。"

　　老农哈哈一声，脸露讥笑地说："亏你还是个生意人，人家问你多少钱你却回答多少斤。我看你像个老生意人，才这么问的，哪里晓得你连'钱'都不懂，唉……"

　　老农故意把一声"唉"拖得很长，这回轮到小商贩被人哄笑了。

　　当有人纯属恶意地开你的玩笑时，你当然需要毫不客气地回敬，诱敌上钩就是其中的一招。你要不紧不慢地诱惑对方进入你设的语言圈套，在适当的时候反戈一击，让对方自取其辱。

　　晚会上，一个年轻小伙子邀请一个女孩子跳舞。由于小伙子比较瘦小，女孩子不愿意跟他跳，还非常不礼貌地开起了对方的玩笑："我不想跟孩子跳舞！"

　　不过小伙子十分聪明，他收回停在空中的手，道歉说："对不起，我不知道你正怀着孩子。"

　　女孩子的脸一下子红到了耳根。

　　生活中一些尴尬的局面完全是由于别人不敬的玩笑引起的，如果你隐忍退让，很可能会被人看扁，把你当软柿子捏；如果针锋相对，又会把事情搞僵。这时，不妨采用反唇相讥的办法，把对方开自己玩笑的话打回到他自己身上去，从而为自己争取主动。

　　说话时，对于他人抛出来的"梗"，我们选择接住要好过躲避。接住了，顺着对方的话往下说，见招拆招，就可以巧妙地化之于无形；千万不要就着对方说出的话反复较真，这样你就彻底输了。

　　朋友之间，高明的招数可以让彼此间的气氛迅速升温，低能的招数则会令对方陷入尴尬，并且以后不敢再与你开玩笑。对于那些不怀好意的人，高明的招数可以实现见招拆招，做得妙还能"反咬一口"，把矛头调转向对方，而低能的招数则无疑意味着向对方缴械投降不战自败，让对方的"奸计"得逞。

适时幽默能化解尴尬

　　人生总有随处可见的快乐，交流中也不例外。幽默的语言让沟通远离呆板无趣，让人际关系更加融洽鲜活。它可以帮助我们化解尴尬、消除危机，还能展示出我们豁达的人格和高尚的情操。

1. 想要拥有幽默的态度，先要学会"自嘲"

　　如果连自己都放不开的话是不可能真正地幽默起来的，更不要说把幽默带给身边的人了。所以首先要学会拿自己开玩笑，让大家都觉得你很容易接近。

　　《非诚勿扰》的主持人孟非说："我老想嘲笑别人，可是怕得罪人，所以只好嘲笑自己。"最保险且最有效果的幽默就是把自己当作目标消遣自己，此举非但不会被听众看轻，相反会给人留下大度、自信的好印象。看来自嘲的确是一种既安全又实用的幽默手段。

　　自我解嘲式的幽默不是不自信的表现，而是乐观、自信和智慧的表现。

2. 一语双关，在含蓄、幽默中加深语意

双关可使语言表达更加含蓄、幽默，还能起到加深语意的作用，给人留下深刻印象。一语双关常常是用来转移概念的良好通道。不仅中文有一语双关的幽默，英语中也常用这种幽默方法。不管中外，往往都以同字异义词为媒介。

美国的心理学家赫伯·特鲁在和一些研究生相处时常常用自我调侃的办法来缩短自己和年轻人之间的距离。他经常用十分轻松的态度来调侃自己的学位和头衔："我有 degrees（学位），但你们可别被它吓住了，温度计也有 degrees（度数）。"

他利用了英语"degrees"的两个含义来构成双关语，第一个"degrees"指的是学位，也就是自己的高学历；而第二个"degrees"的意思是度数。特鲁利用了相同的词在不同语境下的不同意义，巧妙地表达了"我虽然比你们年龄大，学位高，但我有的学位，温度计也有啊"。从而让人感觉既亲切又幽默，同时瞬间缩短了他与学生们之间的距离

幽默感与显而易见的刻薄是不相容的，幽默的人应该把对人刻薄的贬义淡化。一语双关在此就提供了另一重语意，把你的攻击锋芒掩盖起来，使你的智慧情感和人格得以升华。

3. 岔断法，言行模式与思维模式的逆反

岔断这种幽默语言的表达形式，指的是人的言行模式与思维模式的逆反性。一般情况下，语言逻辑发展突然中断，心里的期待猛地扑空，随之又滑到一个并非预期甚至与预期毫不相干的终点，便可造成"恍然大悟"的笑点。

比如：记得那年高考，清华分数线715，我差一点就上清华了，现在想起来依然感到很惋惜。我考了71.5，就差一点。

当听到前半句，正在为没上清华而感到可惜时，又听到下半句，立马来个180度大转弯，使人的情绪由可惜转为可笑。

汪涵曾在湖南电视台的演播厅里做了两三年的剧务，备尝艰辛。对于这段曲折的经历，汪涵从来都不加掩饰。

在一次接受记者采访时，记者称赞他为湖南电视台的"台柱子"，汪涵半开玩笑地回应道："是啊，没错。我在湖南台，从最基础的场工做起，灯光、音控、摄影、现场导演样样涉足，我以前还负责给录制现场的观众发发矿泉水、讲讲笑话、逗逗表情，说白了就是勤杂工。我只是从以前的'抬桌子'的，慢慢从幕后走到台前，变成'抬（台）柱子'了。"

"台柱子"和"抬柱子"的岔断，谦虚地回答了记者的问题，既避免了直接回答显得高傲，又不失幽默地回应了记者：自己是踏实、努力地慢慢走过来的，不枉此称誉。

4. 制造误会，口误带来的滑稽

口误在有些场合无意地说出，也可以缓和一下气氛。无意的口误最好，若是有意讲出口误来调节气氛，那么要有一定的演技，不要让对方察觉出你是故意的，不然效果会适得其反。

一个女孩失恋了，伤心不已，哀怨不断。一个平时说话比较笨拙的男生，实在看不过去就劝她："两条腿的蛤蟆不好找，三条腿的男人有的是啊！"

女孩听了，忍不住笑了。男生还不知道说错话，丈二和尚摸不着头脑的样子让女孩更是觉得好笑。

这个口误就来得很是时候，女孩破涕为笑，缓解了一下悲伤的心情。如果此时刻意地讲笑话反而没有这个效果好，因为人在悲伤的时候对笑话本身有排斥，但口误是在毫无戒备的情况下突然降临的，给人来了个猝不及防。

5. 讲出出人意料的结果

在对话场景中，用让人出乎预料而又恰到好处的委婉方式做出答复，会使人眼前一亮、会心一笑，用现在的网络语叫"神回复"。

德国大诗人海涅是犹太人，常遭无理攻击。在一次晚会上，有个旅行家对他说："我发现了一个小岛，这个小岛上竟然没有犹太人和驴！"

海涅白了他一眼，不动声色地说："看来只有你我一起去那个岛上才会弥补这个缺陷！"

海涅的例子就是用幽默的方式给予有力的反击，以对方的话回击对方，体现出幽默别样的力量。

有时可以假装没听到

在人际交往中，面子是个大问题。遇到令人难堪的时刻，我们总会好心地去说一些解围的话，好让当事者赶紧摆脱尴尬。但这样的热心在某些情况下可能并不适用，甚至可能会让对方转尴尬为恼怒。正如卡耐基所说："往往有这样的人，他们知道别人出了洋相，就主动地去安慰人家，还自以为别人会非常喜欢这种方式，会用感激的目光看着他。其实，别人最希望的，就是你假装不知道他出了洋相，没有嘲讽，也没有安慰。"

所以，如果发生在别人身上的尴尬情景触及了对方的自尊心，我们假装没发现他陷入尴尬，就是最贴心的解围方法。用你心知肚明的"不知道"帮他遮盖尴尬，不让他丢面子，对他来说就是最大的安慰。

在尴尬的气氛中，假装没听见是个不错的选择。假装没听见是对别人说出的引发尴尬的话装作没听到或没听清楚，用另外的话题含混带过，也可以说这是一种避实就虚的处理方式。

一位实习老师第一次上讲台讲课，刚在黑板上写下几个字，突然有学生叫起来："实习老师的字真好看，比我们李老师的字好看多了！"

真是语惊四座，幼稚的学生哪能想到，坐在最后一排旁听的李老师该是多么尴尬！对这位实习老师来说，初上岗位就碰到这般让人难堪的场面，的确令人头疼。不过，这位实习老师灵机一动，装作没有听到，继续写了几个字，头也不回地说："不安安静静地看课文，是谁在下边大声喧哗？"

此语一出，后座的李老师顿时轻松多了，尴尬局面也随之消除。

这位实习老师巧妙地运用了假装没听见的技巧，避开"称赞"这一实体，婉转地告之李老师"我根本没有听到"，同时借攻击"喧闹"回应了那位学生的称赞，避免了他误认为老师没有听见而再称赞几句造成更尴尬局面的出现。我们不能不为这位实习老师的高情商做法点赞！

当看到别人陷入尴尬而自己又没有好的解围方法的时候，假装不知道，不去戳破那一层窗户纸，不失为一种妥当的处理方法。

为参加朋友举办的一次隆重派对，小落第一次穿上了高跟鞋和超短裙，还化了比较浓的妆。朋友们见到她这样的打扮，一片惊呼，她自然而然地成了聚会的焦点。派对上有一项活动是蹦迪，高跟鞋和超短裙肯定是不适合蹦迪的，何况小落还是第一回穿呢。开始她不愿意下舞池，后来在朋友们的劝说之下勉强蹦了一会儿。谁知却出了问题，小落的一个鞋跟折断了，短裙也不小心撑裂了，她只好装作没事一样，一瘸一拐地回到了座位上。

一曲终了，大家都下场来，小亮走过来坐到了小落对面。小落十分尴尬，生怕被他发现了，赶忙说脚扭了，有点不舒服，所以早早下来坐会儿。小亮并不看她的"伤势"，只是叫了两杯饮料，说："你平时看起来就文文弱弱的，一定要小心啊。这种剧烈运动连我都浑身湿透了，你肯定更累吧。以后多锻炼锻炼，再穿上今天这么漂亮的衣服，那效果肯定超棒！"

两个人聊了半天，小亮始终没有再提起她的"伤"。其实，他早就看到是怎么回事了，为了不让小落太尴尬，故意装作不知道。而他这一"知而不言"的举动确实让小落长长地舒了一口气。

小亮就是巧妙运用了"佯装不知"的技巧，避免了尴尬。

在社交场合，许多人遇到意外状况之后，即使假装不在意，其实心里面还是会有个疙瘩。所以，有时候当别人遭遇尴尬，你的安慰可能只会让对方感觉更没有面子。这时，故作不知或者说一句痴话，让当事人以为别人没发现他正处在尴尬之中，释怀内心纠结不安的情绪才是最好的方法。

以退为进是一种伪装

中国有句老话叫"过慧易夭，情深不寿"，同样，过于强势反而会对自己不利。特别是在谈判桌上，有时候双方较量的不是临场的应变力，谁更强势，谁的声音更响亮，而是看谁更讲究策略、谁更能耐住性子。谈判桌上有两种人最难对付：一种是反应敏捷、伶牙俐齿的强者，一种是反应迟钝、犹豫不决的愚者。真正的愚者恐怕永远也做不到强者的气场，但精明的强者却可以伪装自己，让自己看起来像弱者。

两家分别来自日本和美国的公司进行谈判，从早上9点一开始，整个局面就被美国公司的谈判代表牢牢地握在手里，他们还时不时地向日本公司的谈判代表发问。他们通过播放PPT，详细地介绍了各种图表、数据，但是日方代表始终一言不发，只是静静地坐在那里听着。两个小时之后，美方代表关掉了放映机，心想日本人应该不会有什么反对意见了，便询问日方代表的看法。

一位日方代表面带微笑，略显失望地说了一句："我们还是不太明白。"

"不明白？你能说一下是哪一块不明白吗？"

"都不明白。"

美方代表压住心中的怒火，问道："能说具体一点吗，从哪里开始不明白的？"

这时，另一位日方代表说道："就是从你们打开放映机开始播放的时候就不明白了。"

美方代表顿时傻眼了，问道："那怎么办？"

第三位日方代表说："那就劳烦你再讲一遍吧！"

眼看马上就到吃中午饭的时间了，而且刚才是用了两个多小时才讲完的，如果再讲一遍，不知道要到猴年马月。美方代表就像泄了气的皮球，最后不得不放低要求，和对方达成协议。

美国公司准备得很充分，显然是有备而来的，日方代表如果和他们正面交锋，很难占到便宜，所以他们采用以退为进、大智若愚的办法，从侧面进攻对方的心理防线，最后如愿。

19世纪末，一家法国公司准备在哥伦比亚的巴拿马省开凿一条连通大西洋和太平洋的运河，经过谈判，双方最后达成了协议。工程如期开工，但该项目的法方负责人很快就发现，因为当地地形恶劣，工程进度比预想中要慢得多。没过多久，公司就因资金短缺导致运营陷入了困境。最后，综合考虑之下，法国公司不得不决定将巴拿马运河的开凿权准备以1亿美元的价格卖给美国政府。美国方面早就对巴拿马运河产生了浓厚的兴趣，此时却故作姿态，拿出一份报告说在尼加拉瓜开凿运河更省钱。报告中提到如果用1亿美元购买巴拿马运河的开凿权，还不如在尼加拉瓜开运河。

法国公司对美国政府的这种潜在想法大吃一惊，同时也担心美国政府会退出，就同意削价，只需4000万美元就可以了。

对于这样的价格，美国政府仍然感到不满意，就又提交了一套方案，说如果美国政府能同哥伦比亚政府达成协议，就同意开凿，否则还会选择尼加拉瓜。

这样，哥伦比亚政府也坐不住了，最后勉强同意以100万美元的价格长期租给美国一条运河区，美国每年另付10万美元的租金即可。

美国政府就这样用"以退为进"的策略让法国公司和哥伦比亚政府屈服，以低价攫取了巴拿马运河的开凿和使用权。

以退为进巧示弱就是让对方看到自己的"弱势"，从而让他们放松警惕，这样就容易掌握对手的真正意图，这个时候再想用什么方式取胜就是技术问题了。在很多情况下，经验丰富的谈判高手的心理很难被摸清，这时就需要用分析和推断来为对方"把脉"。如果对方有打持久战的意图，不妨冒险以退出恐吓对方，等打破僵局后再谋出路。

想让对方在关键问题上让步，就不要急于表现出来。当然，你可以在较小问题上先让步，不过最好不要草率，以免对方看出你的意图。在谈判过程中需要吊足对方的胃口，因为只有那些他们真正努力争取过的东西，才会让他们满意。所以，在让步之前，先让对方争取。

　　能坐在一起谈判，就说明需求是双向的，明白了这个道理之后，就应该利用对手的弱势，在谈判中采取以退为进的策略，弱化自己，隐藏企图。最后，等对方的忍耐到了一定地步时，再抓住机会迫使对方就范。

如何打圆场是技术活

每个人都遇到过十分尴尬的局面，这时帮助他人打圆场，不仅可以照顾他人的情感和面子，让他人对你感激不尽，而且可以让你左右逢源。

在工作或生活中，许多原因都会导致矛盾的产生，此时如果有人及时地打好圆场，帮助他人解围，就能消除他人的不愉快，让他人感激不尽。帮助他人打好圆场，就是要照顾双方的情感和面子，引导他们去理解彼此，从而化解彼此的矛盾。不过，帮助他人打圆场，应该讲究一定的方法和技巧，不然很可能越帮越忙，越管越糟。那么，到底该怎样帮助他人打好圆场呢？

1. 巧妙暗示

令人尴尬的事情总是突如其来，让人措手不及。他人陷入尴尬时，你可以通过巧妙暗示的方式打圆场，为对方解围。

妻子冬梅过生日，汪田特地找了家装修浪漫、布置温馨的中餐厅请她吃饭。

趁妻子没注意，汪田悄悄点了一道她最喜欢的"蚂蚁上树"，没想到却弄巧成拙。因为服务员上菜时，妻子看到一整盘菜里尽是粉丝，根本没有什么肉末。

冬梅也是个嘴巴不饶人的主，故意装糊涂地问服务员："这道菜叫啥名？"

服务员不明就里地答道："蚂蚁上树。"

这下可被冬梅揪住了小辫子，她更来劲了："那我怎么只见'树'不见'蚂蚁'呢？"

服务员看了一眼菜盘，脸涨得通红，不好意思地站在那里。

汪田心想，今天是来吃生日餐的，图个高兴，现在弄得人家服务员下不来台，很不好。于是，他赶紧开启"打圆场"模式："人家'蚂蚁'可能是太累了，还没爬上'树'来。要不你们通知一下厨房，换一盘爬得快的'蚂蚁'来！"

服务员听完，感觉如释重负，没过多久，就端上了一盘正宗的"蚂蚁上树"。

汪田不愧是"解围"的高手，三言两语就成功地替服务员打了圆场。这样一来，服务员对他满怀感激之情，肯定也会想办法弥补过失，上一盘真正的"蚂蚁上树"那是肯定的了。

缓解气氛打圆场要注意方式，"和事佬"最重要的是改善他人的关系，而不是火上浇油。用巧妙暗示的方法，可以不动声色地达到打圆场的目的。

2. 帮别人找一个好理由

谁都无法预知未来，随时都可能陷入窘境。当他人陷入窘境时，你及时站出来，帮他人找一个好理由，打好圆场，则能避免他人颜面尽失。

比如，你介绍两个朋友认识，约好一起去某个景区游玩。见面刚几分钟，如果一方突然提出离开的请求，另一方就会出现不悦的神色。此时，你可以对另一方说："他这个人呀，丢三落四的，竟然把身份证忘家里了，这还怎么买票呀？家又那么远，一来一回天都黑了。这样吧，让他先回去，咱们两个去。来日方长，以后有机会你们再好好认识认识，这次算是打个照面，混个脸熟。"听了这话，突然要离去的一方自然会十分感激你，而另一方自然也不会再多计较。

3. 维护别人的面子和自尊

如果陷入尴尬的双方都不肯妥协，彼此已经产生矛盾，你不妨说几句话，巧妙地维护他们的面子和尊严。

小王的孩子和小赵的孩子打架，小王看不惯自己的孩子受委屈，于是出来数落了小赵的孩子。小赵刚好路过，听到小王正在数落自己的孩子，气不打一处来，非要小王给个说法，不然决不罢休。两个人谁都不肯相让，都要为自己的孩子讨个公道。

看到两个人剑拔弩张的场景，小郭连忙走过来，对他们说："两位少安毋躁，这件事的来龙去脉我很清楚，因为我全看在眼里了。"说着，他对小赵说："本来只是两个孩子打架这点小事，小王数落您的孩子，是因为这个顽皮的家伙把人家孩子的眼睛都打肿了，现在还睁不开呢。您想啊，眼睛多重要啊，万一有个好歹，那可是一辈子的事。"然后，他又对小王说："小赵不明白怎么回事，听到您这么训斥他的孩子，能不愤怒吗？再说了，您刚才训斥的也确实有点过。当务之急是赶紧带着孩子去看眼睛，别耽误了治疗。"

听了这话，小赵连忙道歉，带着钱要为小王的孩子治眼睛。小王看到小赵并不是一个不讲理的人，觉得刚才不应该那么训斥一个小孩子，也向小赵道了歉。

打圆场时，应该维护好双方的面子和尊严，讲清楚其中的道理，可以各打五十大板，让他们意识到自己的错误。许多时候，人与人之间产生了矛盾，双方谁都不肯相让，只是因为他们都想维护自己的面子和尊严。但是，假如任由他们这样耗下去，只会让情况越来越糟。此时就需要第三者来打圆场，让当事双方的面子和自尊都能得以维护。不过，此时他们正处于敏感期，你帮人打圆场时一定要注意说话方式，尽量把话说得圆满一些，而不是胡乱评判，进一步激化他们之间的矛盾。

照顾他人面子，巧妙解围

　　谁都有不想被他人知道的隐私，遗憾的是，现实生活中经常会发生隐私被曝光或者让人下不了台的事。在这个时候，如果有人出来解一下围，替人遮盖羞处，就会让当事人感激不尽，日后有机会，必当回报这份"人情"。

　　那些自尊心很强的人遇到让自己下不来台的人时，往往会抱有强烈的反感之心；而对于给他们提供"台阶"、保全其面子、维护自尊的人，则会产生由衷的敬佩之情。这也就是人们常说的"赠人玫瑰，手有余香"。

　　当人们下不了台的时候，多么希望有个"赠人玫瑰"的解围者出现啊！可有些愚蠢的人却往往抱着"事不关己，高高挂起"的态度，认为替他人"解围"非但耗时费力，还有可能吃力不讨好。像这种不会出手援助别人的人，哪天等到他自己下不来台时，他人也往往会以袖手旁观来回报之。

　　而智者通常都明白这样一个道理：替别人"解围"，就是为自己赚"人情"。因此，他们会不失时机地为别人排危解困，也为自己赢得更多的友谊。

在生活中，我们会发现，热心肠的人不仅比自私冷漠的人快乐，而且也更容易交到朋友。只是说几句得体的话，就能让大家皆大欢喜，何乐而不为呢？作为旁观者，与其怀着看热闹的心态"围观"，不如充当和事佬，化干戈为玉帛。

帮他人解围时，态度要缓和，而且反应要快，这样才能息事宁人，避免火上浇油，扩大事态。所以，"解围"也是一门非常考验人的说话艺术。

几天前，郭先生和自己的爱人吵了起来，上午的时候两个人才和好。可是，郭先生的丈母娘不知道这件事，不知道从谁嘴里听说自己的女儿受了委屈，于是气势汹汹地来到郭先生的办公室，要找他理论一番。当着公司人的面，郭先生非常尴尬，但是却想不到破解的办法。

看到这种场景，办公室里的同事老吴连忙说："阿姨，您来的路上看到您的女儿了吗？她去超市给小郭买鸡去了，说是晚上要给小郭做鸡汤。"

听了老吴的话，郭先生的丈母娘知道女儿和女婿已经和好，也就不好意思继续在办公室里兴师问罪了。

"解围"是一个人幽默和修养的体现，同时也能展示自己的大度。在生活中，只要有心，人人都可以"打圆场"，丈夫为妻子，下属为领导，朋友为朋友，甚至老师为学生，都可以打圆场。

一天，刘老师正在课堂上讲解一道复杂的函数题。正讲到关键点时，有位同学不小心在自己的座位上摔倒了，凳子都被掀了个底朝天。别的同学一见，都开始哄堂大笑，眼看纪律就没办法维持了。

不过，刘老师还算淡定，并没有生气。他大方地想：学生是不小心摔倒的，我又何必斥责他呢？而旁边哄笑的学生，毕竟都是孩子，其实也没什么错，只是控制情绪的能力不强罢了。于是，他幽默地说道："看来，这道函数题真的是太难了，不然思明怎么会吓得钻到桌子底下去了呢？"

这么一说，还真管用，摔倒的同学脸不红了，又端端正正地坐了回来。刘老师不失时机地继续说道："这道题这么难，你们害怕吗？要是不怕的话，就解解看！"

其他学生一听，也都停止了哄笑，并安安静静地开始解起题来，课堂也随之恢复了平静。

面对学生的错误，老师如果只是一味地斥责或批评，只能治标不治本，无法从根本上解决问题；如果老师大度一点，利用幽默为学生"解围"，给学生一个台阶，则必能赢得学生的尊敬与感激，学生自然就会以认真学习来"回报"老师。